Através dos Portais de Ouro

Através dos Portais de Ouro

Mabel Collins

Editora Teosófica
Brasília - DF

Direitos Reservados à
EDITORA TEOSÓFICA
Sig Sul Qd. 06 Lt. 1.235
70.610-460 – Brasília-DF – Brasil
Tel.: (61) 3322-7843
E-mail: editorateosofica@editorateosofica.com.br
Site: www.editorateosofica.com.br

C699 Collins, Mabel (1851 - 1927)

Através dos portais de ouro, Mabel Collins; Brasília: Editora Teosófica, 2019.
136 p.

Título original: Through the gates of gold - A fragment of thought

ISBN 978-85-7922-190-3

CDU 141.332

Revisão: Valéria Marques de Oliveira
Diagramação: Reginaldo Mesquita - Fone (61) 3341-3272
Capa: Ana Cichelero
Impressão: Grafika Papel e Cores - Fone (61) 3344-3101
E-mail: comercial@papelecores.com.br

Sumário

Certa vez, estando sozinha e escrevendo, um visitante misterioso entrou em meu aposento, sem pedir licença, e colocou-se a meu lado. Esqueci-me de perguntar quem ele era ou a razão dessa entrada tão sem cerimônia, pois ele começou a me contar sobre os Portais de Ouro. Falou do conhecimento, e pelo fogo de suas palavras eu adquiri confiança. Eu as escrevi; mas, infelizmente, não posso esperar que o fogo que delas ardia brilhe tão intensamente em minha escrita.

M. C.

Prefácio da Edição Brasileira

O ser humano de uma forma geral busca em sua vida a felicidade. Mas a felicidade genuína é confundida com prazeres ou alegrias, e esse é de fato um dos grandes problemas da humanidade. Será que conseguimos perceber como os prazeres do mundo conseguem entorpecer a nossa vida?

Um importante fato a ser investigado é que nós não nos conhecemos profundamente e, diante desse contexto, essa busca de felicidade acarreta frustrações, decepções e erros no caminho espiritual, portanto, podemos considerá-la bastante falha.

Ao lançarmos um olhar mais atento às relações humanas, percebemos como essas afirmações são verdadeiras, principalmente, na atual era digital, onde isso fica ainda mais evidente. Muitas vezes, pelo simples fato de outra pessoa, conhecida ou não, ter uma opinião diferente da nossa, reagimos e projetamos a nossa raiva e intolerância, e geralmente pelos motivos mais banais possíveis.

Você, caro leitor, poderá silenciosamente afirmar: "eu não sou assim!" Mas podemos questionar! Será mesmo?

Vivendo uma vida de forma automática não percebemos a quantidade de desarmonias externas e internas existentes em nós. De forma inconsciente consideramos nossas opiniões melhores e mais corretas, situações como brigas e desentendimentos são justificadas e ditas como normais, e rapidamente perdemos nossos pequenos momentos de paz.

Podemos novamente nos questionar: qual a verdadeira razão que nos faz passar por situações tão desarmonizantes? A resposta está na falta de profundidade e consciência em relação a nós mesmos, nossas vidas e seus propósitos.

Todas essas perguntas são importantes, e apontam para uma reflexão em relação ao propósito da vida, e como podemos perceber e também perseverar no caminho espiritual. Durante anos vivemos meio que perdidos em relação a vários pontos de nossa própria vida, porém, uma luz no fim do túnel surge e, então, revela-se em nossa existência uma profunda e real transformação.

Na literatura teosófica, essa revelação ou despertar é exemplificado através de várias alegorias, contextos e nomes, como: iniciação, o reino dos céus ou reino de Deus, atravessar a porta estreita ou como o próprio título desse livro sugere, acessar os Portais de Ouro.

No interior de cada ser reside, potencialmente, toda a vida, e a dor é somente o desenvolvimento desigual da natureza humana; mas sabemos tão pouco de nossa constituição, conhecemos tão pouco de nós mesmo, que é preciso uma observação prática e filosófica, uma visão mais ampla para harmonizarmos essa natureza e até mesmo descobrirmos que por detrás do prazer existe a dor.

É claro que é preciso força e coragem nesse caminho para perscrutarmos a natureza humana e podermos, assim, atravessarmos os Portais de Ouro, como afirma Mabel Collins, para que a fragrância humana seja encontrada.

Esses portais conduzem o ser humano a uma existência renovada, abrindo caminhos para profundas reflexões, repletas de inúmeras possibilidades e de indescritível leveza e plenitude.

Que o leitor possa empreender a jornada em direção aos Portais de Ouro!

Ígor Mendonça Câmara
Diretor-Presidente da Editora Teosófica

Prefácio da edição inglesa

Todo ser humano tem uma filosofia própria de vida, exceto o verdadeiro filósofo. Mesmo o mais ignorante tem algumas concepções em ideias vivas e definidas quanto à maneira mais fácil e sábia de atingir seu objetivo. Muitas vezes o indivíduo mundano é um filósofo de primeira, mesmo que inconsciente disso. Ele conduz sua vida através de princípios claros, e se recusa a deixar sua posição ser abalada pelo desastre do acaso. O indivíduo de pensamento e imaginação tem menos certeza, e encontra-se continuamente incapaz de formular com profundidade suas ideias sobre o assunto de maior interesse para a natureza humana – a própria vida humana. O verdadeiro filósofo é aquele que não reivindica a si mesmo esse nome, por ter descoberto que o mistério da vida é inacessível ao pensamento comum, assim como o verdadeiro cientista confessa sua completa ignorância dos princípios que se encontram por detrás da ciência.

Se existe algum método de pensamento, ou algum esforço da mente, que permita ao indivíduo apoderar-se dos grandes princípios, que como causas existem na vida humana, é uma questão que nenhum pensador comum pode resolver. Contudo, a vaga consciência de que os efeitos percebidos são devidos a uma causa, de que existe uma ordem regulando o caos e uma sublime harmonia que permeia as discórdias, assombra as ardentes almas da Terra, tornando-as aspirantes do invisível e do conhecimento do incognoscível.

Por que ansiar e procurar aquilo que está completamente fora do alcance, enquanto os sentidos interiores permanecem adormecidos? Por que não reunir os fragmentos que temos à mão e ver se, a partir deles, alguma forma não pode ser dada ao grande enigma?

PARTE I

Capítulo I

A INVESTIGAÇÃO DO PRAZER

1

Estamos todos familiarizados com o sério fato que chamamos de miséria, que persegue o ser humano, e estranhamente, como parece a princípio, não o persegue de modo vago ou incerto, contudo com obstinação firme e incessante. Sua presença não é absolutamente contínua, pois de outro modo cessaria a vida humana; porém sua persistência é ininterrupta.

O sombrio fantasma da desesperança permanece por trás do indivíduo, pronto para tocá-lo com seu terrível dedo, caso ele permaneça feliz por demasiado tempo. Quem deu a essa horrível forma, do instante que nascemos até morrermos, o direito de nos assombrar?

Quem lhe deu o direito de permanecer sempre à nossa porta, conservando-a entreaberta com sua mão invisível, amedrontadora, não obstante pronta a entrar no momento em que lhe for conveniente? O maior filósofo que já viveu finalmente sucumbe à desesperança; e ele é somente um filósofo, em algum sentido razoável, porém, reconhece o fato disso ser irresistível e sabe, como todos os demais indivíduos, que cedo ou tarde deverá sofrer. A dor e angústia fazem parte da herança dos seres humanos; e aquele que determina que nada o fará sofrer se esconde em um egoísmo frio e profundo.

Esse manto pode protegê-lo da dor, porém, também o separará do prazer. E se a paz é encontrada na Terra, ou se existe alguma alegria na vida, não será fechando as portas do sentimento que alcançaremos a parte mais elevada e vívida de nossa existência. À medida que obtemos a sensação, através do corpo físico, ela nos proporciona tudo aquilo que nos induz a viver nessa forma. É inconcebível que qualquer indivíduo se desse ao trabalho de respirar, a menos que o ato trouxesse consigo um sentimento de satisfação. Assim é com todos os atos de cada instante da nossa vida; vivemos porque o prazer existe até mesmo na sensação da dor.

É a sensação que desejamos, do contrário teríamos, em comum acordo, o gosto das águas profundas do esquecimento, e, então, a raça humana seria extinta. Se isso acontece com a vida física, o mesmo se realiza com a vida das emoções – a imaginação, a sensibilidade, com todas aquelas finas e suaves formações que, com o maravilhoso mecanismo de registro do cérebro, constituem o ser humano sútil ou o seu interior. Sensação é o que lhe dá prazer; a vida para eles constitui em uma infinita série de sensações. Destrua a sensação que o faz perseverar na experiência da vida e nada mais sobrará. Portanto, o indivíduo que busca eliminar a sensação da dor, e que se propõe manter-se no mesmo estado, quer esteja satisfeito ou ferido, ataca a própria raiz da vida e destrói o objeto de sua própria existência. E isso deve aplicar-se, tanto quanto o nosso raciocínio atual ou os poderes intuitivos possam demonstrar-nos, a qualquer estado, até mesmo para aquele desejado *Nirvāna* do Oriente.

Essa condição só pode ser infinitamente sutil e a mais requintada sensação, se é de todo um estado, e não aniquilação; e de acordo com a experiência da vida da qual somos capazes de julgar, a crescente sutileza da sensação significa maior vivacidade – como, por exemplo, em consequência da infidelidade ou fidelidade de um amigo, um indivíduo de sensibilidade e imaginação sente mais do que outro por meio de seus sentidos de natureza física bruta.

Assim, fica claro que se o filósofo se recusa a sentir, deixa-se sem lugar algum para onde retirar-se, nem mesmo a distante e inacessível meta do *Nirvāna*. Ele somente nega a si mesmo sua herança de vida, que é, em outras palavras, o direito da sensação. Se escolhe sacrificar aquilo que o torna ser humano, deve contentar-se com a mera indolência da consciência; comparativamente, a vida da ostra seria mais excitante.

Porém, nenhum ser humano é capaz de efetuar tal façanha. Sua existência continuada prova claramente que ele ainda deseja a sensação, e deseja-a de forma tão positiva e ativa que o desejo deve ser satisfeito na vida física.

Pareceria mais prático não se enganar pela farsa do estoicismo, não tentar renunciar àquilo com o qual nada induziria alguém a se separar. Não seria uma política ousada, um modo mais promissor de resolver o grande enigma da existência, agarrar a sensação, pegá-la com firmeza e exigir dela o mistério de si mesma?

Se os seres humanos fizerem apenas uma pausa e considerarem as lições que aprenderam com o prazer e a dor, muito se pode deduzir desse algo estranho que causa esses efeitos. Mas os indivíduos tendem a afastar-se apressadamente do autoestudo ou de qualquer análise minuciosa da natureza humana.

No entanto, deve haver uma ciência de vida tão inteligível, como qualquer um dos métodos das escolas. A ciência é desconhecida, é verdade, e sua existência é meramente deduzida, apenas sugerida, por um ou dois de nossos pensadores mais avançados. O desenvolvimento de uma ciência é somente a descoberta do que já existe; para um lavrador, a química é tão mágica e incrível agora, quanto é a ciência da vida para o ser humano de percepção comum.

Apesar de tudo, pode e deve existir um vidente que perceba o crescimento da nova ciência, do mesmo modo que os primeiros amadores nas experiências de laboratório viram o sistema de conhecimento, atualmente alcançado, evoluindo além da natureza para uso e benefício do ser humano.

2

É indubitável que muito mais experimentariam o suicídio, como muitos já o fazem agora, a fim de escapar do fardo da vida, se pudessem se convencer de que, dessa maneira, o esquecimento poderia ser encontrado. Mas aquele que hesita em beber o veneno do medo, em apenas convidar uma mudança do modo de vida, que talvez seja ainda uma forma mais ativa de aflição, é um indivíduo de maior conhecimento do que as almas precipitadas que se jogam descontroladamente sobre o desconhecido, confiando em sua bondade.

As águas do esquecimento são muito diferentes das águas da morte, e a raça humana, enquanto a lei do nascimento ainda opera, não pode extinguir-se por meio dessa. O indivíduo volta à vida física do mesmo modo que o bêbado retorna ao frasco de vinho – ele não sabe a razão, exceto que deseja a sensação produzida pela vida, da mesma forma que o bêbado deseja a sensação produzida pelo vinho.

As verdadeiras águas do esquecimento encontram-se muito distantes de nossa consciência, – e só podem ser alcançadas deixando de existir nessa consciência – cessando de exercer a vontade que nos preenche de significados e sensibilidades.

Por que o indivíduo não retorna ao grande ventre de silêncio de onde veio, e permanece em paz, como o feto, antes que o ímpeto da vida o alcance? Ele não o faz porque tem fome de prazer e dor, alegria e tristeza, raiva e amor. O indivíduo infeliz afirmará não desejar a vida; e ainda assim demonstra suas falsas palavras, vivendo. Ninguém pode obrigá-lo a viver; o navio negreiro pode ser acorrentado a seu remo, mas a vida do indivíduo não pode ser aprisionada ao seu corpo. O magnífico mecanismo do corpo humano é tão inútil quanto uma máquina cuja chamas estão apagadas, se a vontade de viver cessa, – aquela vontade que mantemos resolutamente e sem pausa, e que nos capacita a executar as tarefas que de outra forma nos encheriam de consternação, como, por exemplo, o uso e a exalação momentânea da respiração. Conduzimos tais esforços hercúleos como esse sem reclamação, e certamente com prazer, para que possamos existir em meio a inúmeras sensações.

E mais, estamos contentes, na maior parte do tempo, existindo sem objetivo ou propósito, sem qualquer ideia de uma meta ou compreensão de qual caminho estamos seguindo. Quando o indivíduo se conscientiza dessa falta de propósito, vagamente consciente de que está trabalhando com grandes e constantes esforços, sem qualquer ideia de como esses esforços são direcionados, então flui sobre ele a miséria do pensamento do século dezenove. Ele está perdido, perplexo e sem esperança. Torna-se cético, desiludido, cansado, e faz a pergunta, aparentemente sem resposta, se valerá a pena suspirar por resultados tão desconhecidos e aparentemente incognoscíveis. Mas estes resultados são desconhecidos? Pelo menos para indagar acerca de uma questão menor, será impossível fazer uma suposição sobre a direção em que nosso objetivo encontra-se?

3

Essa questão, nascida da tristeza e do cansaço, que nos parece essencialmente parte do espírito do século XIX, é de fato uma questão que provavelmente foi feita ao longo dos séculos. De forma inteligente, poderíamos voltar ao longo da história, e sem dúvida descobriríamos que se atingiu o momento em que, invariavelmente, a flor da civilização expandiu-se ao máximo, e suas pétalas estavam mantidas unidas, porém de forma descuidada.

A parte natural do ser humano atingiu então sua máxima altitude; ele tem rolado a pedra até o morro da dificuldade apenas para vê-la novamente retornar quando o cume é alcançado – como no Egito, em Roma e na Grécia. Por que esse trabalho inútil? Não é suficiente produzir um cansaço e uma inefável doença, e ainda estar sempre realizando uma tarefa apenas para vê-la desfeita novamente? No entanto, é isso que o ser humano tem feito ao longo da história, até onde alcança o nosso limitado conhecimento.

Há um ápice alcançado pelo ser humano através de imensos e unidos esforços, onde há uma grande e brilhante eflorescência de toda a parte intelectual, mental e material de sua natureza. O clímax da perfeição sensual é alcançado, e então sua força enfraquece, seu poder cresce menos e ele retrocede para a barbárie, através do desânimo e da saciedade. Por que ele não permanece no topo da montanha, desvia o olhar para além delas, e resolve escalar aquele pico elevado? Porque ele é inexperiente, e vendo um imenso brilho a distância, seus olhos abaixam perplexos e ofuscados, e então, ele volta para descansar no lado sombrio de sua colina familiar. No entanto, há e sempre haverá alguém suficientemente corajoso para olhar fixamente para esse reluzir a fim de decifrar algo de dentro de sua forma.

Poetas e filósofos, pensadores e mestres – todos aqueles que são os "irmãos mais velhos da raça" – de tempos em tempos contemplaram essa visão, e alguns dentre eles reconheceram no brilho desconcertante os contornos dos Portais de Ouro.

Esses Portais nos acolhem no santuário da própria natureza humana, no lugar de onde o poder vital do indivíduo surge e de onde ele é, no santuário da vida, sacerdote. A possibilidade de aqui entrar, de passar por aqueles Portais, já nos foi mostrado por um ou dois seres. Platão, Shakespeare e alguns outros fortes passaram por nós e nos falaram em linguagem velada naquele lado mais próximo dos Portais. Após os fortes terem cruzado o limiar, eles não falam mais aos que ficaram do outro lado. E mesmo as palavras que eles proferem quando estão no exterior são tão cheias de mistério, tão veladas e profundas, que somente aqueles que seguem seus passos podem enxergar a luz dentro deles.

4

O que os seres humanos desejam é averiguar como substituir a dor pelo prazer; isto é, descobrir de que maneira a consciência pode ser controlada, de forma que se experimente a sensação mais agradável. Se isso pode ser descoberto por força do pensamento humano, é pelo menos algo que vale a pena considerar.

Se o indivíduo voltar a sua mente para qualquer assunto com suficiente concentração, cedo ou tarde obterá elucidação em relação a esse. Aquele indivíduo em que a inspiração final surge é chamado de gênio, um inventor, um inspirado. Porém, ele é apenas a culminância de uma grande obra mental, produzida ao seu redor por indivíduos desconhecidos, alguns deles separados por grandes distâncias. Sem esses desconhecidos, o gênio não teria seu material para lidar. Até mesmo o grande poeta requer inúmeros poetas medíocres para se alimentar, pois ele é a essência do poder poético de seu tempo e até mesmo em épocas anteriores. É impossível separar um indivíduo de qualquer espécie afim.

Portanto, se ao invés de aceitar o desconhecido como incognoscível, os seres humanos, *de comum acordo*, a ele dirigissem seus pensamentos, os Portais de Ouro não permaneceriam tão inexoravelmente fechados. Eles o fazem, porém, precisam de uma mão forte para empurrá-los. A coragem para penetrar esses Portais de Ouro é a mesma necessária para investigar os recessos da própria natureza, sem medo e sem vergonha. Na mais tênue porção, a essência, a fragrância do ser humano, a chave que destrava os grandes Portais é encontrada. E uma vez aberta, o que é encontrado?

Vozes aqui e ali, no longo silêncio das eras, respondem a essa pergunta. Aqueles que passaram pelos Portais de Ouro deixaram as palavras atrás de si como legados para os seus semelhantes. Nessas palavras podemos encontrar indicações definitivas do que deve ser procurado além dos Portais. Mas somente aqueles que desejam seguir esse caminho leem nas palavras o seu significado oculto. Estudiosos, ou melhor, escolásticos, leem os livros sagrados de diferentes nações, a poesia e a filosofia deixadas por mentes iluminadas, e encontram o mais simples materialismo. A imaginação, glorificando as lendas da Natureza, ou exagerando as possibilidades psíquicas do ser humano, explica a ele o que se encontra nas Bíblias da humanidade.

As palavras encontradas nesse livro também se encontram em cada um de nós; e é impossível encontrar, tanto na literatura, como através de qualquer canal de pensamento, o que não existe naquele que estuda. Isso é, sem dúvida, um fato evidente, conhecido por todos os verdadeiros estudantes. Com referência a esse profundo e obscuro assunto, é importante lembrar que os seres humanos prontamente acreditam que nada possa existir para outros onde eles mesmos encontraram o vazio.

Uma coisa é logo percebida pelo leitor: aqueles que o precederam não acharam que os Portais de Ouro conduziam ao esquecimento. Pelo contrário, a sensação se torna real pela primeira vez quando esse limiar é ultrapassado. Mas é de uma nova ordem, que atualmente é desconhecida e impossível de ser apreciada por nós, sem que pelo menos tenhamos alguma pista quanto ao seu caráter. Esta pista pode ser obtida, sem dúvida, por qualquer aluno que se preocupe em percorrer toda a literatura que nos é acessível. Todos que estudaram suficientemente os livros e manuscritos místicos possuem a convicção de que eles existem, porém, permanecem inacessíveis simplesmente por não haver alguém pronto para sequer ler a primeira página de qualquer um deles.

Pois deve existir uma linha contínua através destes conhecimentos passando da densa ignorância até a inteligência e sabedoria; é natural que o indivíduo prossiga para o conhecimento intuitivo e para a inspiração. Temos alguns escassos fragmentos desses grandes dons do ser humano; então, onde está o todo do qual são uma parte? Escondidos atrás do sutil, mas aparentemente intransponível véu, esses fragmentos se ocultam de nós, como estão ocultos todos os poderes do ser humano, toda a ciência e toda a arte, até que corajosamente a tela é rompida. Essa coragem procede unicamente da convicção. Uma vez que o indivíduo acredita que aquilo que ele deseja existe, tratará de obtê-lo a qualquer custo. A dificuldade nesse caso está na incredulidade humana. Requer uma grande corrente de pensamento e atenção para a desconhecida região da natureza humana, a fim de que seus Portais possam ser destrancados e suas magníficas paisagens exploradas.

Independente do perigo, isso vale a pena ser feito e tudo conduz a crer na triste pergunta do século XIX: É a vida digna de ser vivida? Certamente é suficiente estimular o ser humano a um novo esforço – a suspeita de que além da civilização, além da cultura mental, da arte e da perfeição mecânica existe um outro novo Portal, revelando as realidades da vida.

5

Quando parece que o fim e o objetivo foram alcançados, e que o indivíduo não tem mais o que fazer – somente então, quando aparentemente ele não tem mais escolhas, entre comer e beber, e viver como os animais, ou entre o ceticismo, que é a morte, – então se de fato lançar seu olhar diante dele, lá estarão os Portais de Ouro. Com a cultura do século internalizada e perfeitamente assimilada, de modo que ele próprio é a encarnação dessa cultura, somente então estará apto a empreender o grande passo, que lhe é absolutamente possível, embora seja experimentado por tão poucos, até mesmo por aqueles preparados. Contudo, tão raramente é buscado, em parte por causa das profundas dificuldades que o cercam, mas muito mais porque o indivíduo não percebe que essa é, na verdade, a direção em que o prazer e a satisfação devem ser obtidos.

Há certos prazeres que atraem o indivíduo; ele sabe que em uma ou outra camada da sensação seu principal deleite será encontrado. Naturalmente, o indivíduo, através da vida, se volta sempre para essa sensação, assim como o girassol se volta para o Sol e a vitória-régia apoia-se sobre a água. Mas ele esforça-se através de um nefasto fato que lhe oprime a alma – tão logo obteve seu prazer, uma vez mais o perde, e novamente precisa buscá-lo.

Mais do que isso; o indivíduo nunca chega a alcançá-lo, porque no último momento é iludido pelo prazer. Isso porque ele se esforça para apreender o que é intocável e satisfazer a fome de sua alma pela sensação do contato com objetos externos. Como pode aquilo que é externo satisfazer ou até mesmo agradar ao ser interno – aquilo que reina dentro e não tem olhos para a matéria, nem mãos para tocar objetos, nem sentidos para apreender, aquilo que está fora de suas paredes mágicas? Essas barreiras encantadas que o cercam são ilimitadas, pois estão em toda parte; isso é para ser descoberto em todas as coisas vivas, e nenhuma parte do Universo pode ser concebida sem isso, se o Universo for considerado como um todo coerente. E a menos que no início esse ponto seja admitido, é inútil considerar o assunto da vida sob qualquer condição. A vida é de fato sem sentido, a menos que seja universal e coerente; a menos que não mantenhamos a nossa existência em razão do nosso próprio ser, mas sim pelo fato de sermos parte daquilo que é.

Este é um dos fatores mais importantes no desenvolvimento do ser humano, o reconhecimento

– profundo e completo – da lei da unidade e coerência universal. A separação que existe entre os indivíduos, entre os mundos, entre os diferentes polos do Universo e da vida, a fantasia mental e física chamada espaço é um pesadelo da imaginação humana. Toda criança sabe que pesadelos existem, e existem apenas para atormentar; precisamos é do poder da discriminação entre o fantasmagórico do cérebro, que interessa apenas a nós, e o fantasmagórico da vida cotidiana, que envolve também os outros. Esta regra também se aplica a uma situação mais ampla. Não interessa a ninguém, além de nós mesmos, que vivamos em um pesadelo de horror irreal, e nos fantasiemos sós no Universo, capazes de ação independente, desde que nossos amigos sejam parte do sonho; mas quando desejamos falar com aqueles que buscaram os Portais de Ouro abrindo-os, somente então é inteiramente necessário – de fato é essencial – distinguir e não trazer à nossa vida as confusões do nosso sonho. Se o fizermos, seremos considerados loucos e voltaremos para a escuridão onde não há amigo, a não ser o caos. Esse caos seguiu todo o esforço humano que está escrito na história; depois que a civilização floresce, a flor cai e morre, e o inverno e a escuridão a destroem. Enquanto o ser humano se recusa a fazer o esforço de discriminação que lhe permitiria distinguir entre as formas da noite e as figuras ativas do dia, isso inevitavelmente acontecerá.

Mas se o indivíduo tiver a coragem de resistir a essa tendência reacionária, ficar firme na altura que alcançou e estender o pé em busca de mais um passo, por que não o encontrará? Nada há que suponha que o caminho termine em certo ponto, exceto para aquela tradição que assim o declarou, e que os seres humanos aceitaram e a abraçaram como justificativa para sua indolência.

6

A indolência é, de fato, a maldição do ser humano. Como alguns camponeses irlandeses e alguns ciganos cosmopolitas vivem na Terra e na pobreza por desocupação[1], o indivíduo do mundo, pela mesma razão, vive contente em prazeres sensuais. A ingestão de vinhos finos, a degustação de comida delicada, o amor de cores e sons brilhantes, de mulheres bonitas e ambientes admiráveis não são melhores e nem mais satisfatórios como meta final de prazer para o indivíduo refinado, do que as diversões grosseiras e gratificações são para o indivíduo inculto.

Não pode haver um ponto final, pois a vida em cada uma de suas formas é uma vasta série de belas graduações; o indivíduo que decide ficar paralisado naquele ponto de desenvolvimento já alcançado e declarando que não pode ir além, está simplesmente fazendo uma arbitrária declaração para desculpar sua indolência. É claro que existe a possibilidade de afirmar que alguns

[1] O leitor deve levar em conta que este livro foi escrito no Século XIX. Na Irlanda, o período de 1845-1849 foi conhecido como a Grande Fome. Houve fome, doenças e emigração em massa, em que a população da Irlanda se reduziu a 20 e 25%. A fome provocou a morte de cerca de um milhão de pessoas e forçou mais de um milhão a emigrar da ilha, principalmente para os Estados Unidos e Canadá.

ciganos estão satisfeitos com a pobreza, e que, portanto, são tão grandes quanto o mais refinado dos homens. Mas eles somente são assim enquanto ignorantes; no momento em que a luz penetra em suas mentes sombrias, todos eles se voltam para ela. Assim acontece na plataforma mais elevada; simplesmente que a dificuldade de penetrar na mente, de admitir a luz, é ainda maior.

Alguns camponeses irlandeses amam seus uísques e, embora possam tê-los, não se importam com as grandes leis da moralidade e da religião que supostamente governam a humanidade e induzem os seres humanos a viver de forma temperada. O gastrônomo culto se preocupa com gostos sutis e sabores perfeitos, mas muitas vezes ele é tão cego quanto são alguns simples camponeses ao fato de que há algo além dessas gratificações. Assim como algum camponês rude é iludido por uma miragem que oprime sua alma, o gastrônomo imagina, tendo uma vez obtido uma alegria sensual no qual se deleita, dar a si mesmo a maior satisfação pela infinita repetição, até que finalmente entra em devaneio. O buquê do vinho que ele ama entra em sua alma e a envenena, deixando-o sem pensamentos, exceto aqueles de desejo sensual; e ele está no mesmo estado desesperado daquele indivíduo que morre enlouquecido pela bebida. Que benefício o bêbado obteve por sua loucura? Nenhum; a dor finalmente engoliu por completo o prazer; e a morte entra em cena para acabar com a agonia.

O indivíduo sofre a penalidade final por sua persistente ignorância sobre a lei da Natureza, que é tão inexorável quanto a da gravidade – uma lei que proíbe que ele fique parado. A mesma taça de prazer não pode ser degustada duas vezes; a segunda vez deve conter um grão de veneno ou uma gota do elixir da vida.

O mesmo argumento vale para os prazeres intelectuais; a mesma lei opera. Vemos indivíduos que são, intelectualmente, a flor de sua época, que ultrapassam seus companheiros, elevando-se sobre eles, entrando finalmente em um fluxo crítico de pensamento, onde cedem à indolência inata da alma e começam a iludir-se pelo alívio da repetição. Então surgem a aridez e a falta de vitalidade – esse estado decepcionante e infeliz em que muitas pessoas entram quando a meia-idade acaba de passar. O fogo da juventude, o vigor do jovem intelecto, conquista a inércia interior e faz o homem escalar dimensões do pensamento e encher seus pulmões mentais com o ar livre das montanhas. Mas finalmente a reação física se instala; a máquina física do cérebro perde seu poderoso ímpeto e começa a relaxar seus esforços, simplesmente porque a juventude do corpo está no fim. Agora o indivíduo é assaltado pelo grande tentador da raça que permanece para sempre na escada da vida, à espera daqueles que sobem tão longe. Ele deixa cair no ouvido a gota envenenada e, a partir desse momento, toda a sua consciência é tomada por uma apatia, e, então, ele fica aterrorizado, temendo que a vida esteja perdendo possibilidades para ele. Nesse momento, ele corre de volta para a familiar plataforma de experiência e lá encontra conforto ao tocar o conhecido acorde de paixão ou emoção. Com medo de buscar o desconhecido, muitos persistem nesse conhecido, satisfeitos em continuar tocando aquele acorde que mais prontamente lhes responde. Desta forma, eles obtêm a garantia de que a vida ainda está ardendo em seu interior. Mas, por fim, seu destino é o mesmo do gastrônomo e do bêbado. O poder da magia diminui diariamente à medida que o mecanismo da sensação perde sua vitalidade; e o indivíduo esforça-se para reavivar a antiga excitação e fervor, tocando a nota com mais violência, abraçando aquilo que o faz sentir, bebendo até o fel a taça envenenada. E assim ele se perde; o devaneio se apodera de sua alma, da mesma forma que se apodera do corpo de um bêbado. A vida não tem mais qualquer significado para ele, e ele corre desesperadamente para os abismos da insanidade intelectual. O menos importante dos homens que comete esta grande loucura arrasta os espíritos dos demais para um apego monótono a um pensamento familiar, por um abraço persistente à roda do moinho que ele afirma ser o objetivo final. A nuvem que o rodeia é tão fatal como a própria morte, e aqueles que uma vez se prostraram a seus pés, agora se afastam pesarosos dele, precisando olhar para trás, para suas primeiras palavras, a fim de relembrar sua grandeza.

7

Qual é a cura para esta miséria e desperdício de esforço? Será que existe? Certamente a vida tem uma lógica própria e uma lei que torna a existência possível; caso contrário, o caos e a loucura seriam os únicos estados atingíveis.

Quando um indivíduo bebe sua primeira taça de prazer, sua alma é preenchida com uma indescritível alegria que primeiramente surge como uma sensação de frescor. A gota de veneno que verte na segunda taça, persistindo naquela insensatez, é dobrada e triplicada, até que, finalmente, a taça inteira seja veneno – esse é o ignorante desejo de repetição e intensificação; de acordo com toda a analogia, evidentemente isso significa morte. A criança torna-se adulto; ela não pode manter-se infantil e repetir e intensificar os prazeres de sua infância, exceto pagando o preço inevitável e tornando-se uma tola. A planta crava suas raízes no chão e ergue suas verdes folhas; então floresce e dá frutos. Aquela planta que só cria raízes ou folhas, persistentemente se detendo em seu desenvolvimento, é considerada pelo jardineiro como sem valor, devendo ser descartada.

O indivíduo que escolhe o caminho do esforço, e se recusa a permitir que o sono da indolência enfraqueça sua alma, encontra em seus prazeres uma nova e agradável alegria cada vez que os desfruta, – algo sutil e remoto que o afasta cada vez mais do estado em que a mera sensualidade é tudo; essa essência sutil é o elixir da vida que torna o ser humano imortal. Aquele que os prova sem bebê-los, a menos que a taça os contenha, veem, diante de seus olhos ardentes, a vida expandir e o mundo crescer enormemente. Ele reconhece a alma na mulher a qual ama, e a paixão se converte em paz; ele vê no interior de seu pensamento as mais sutis qualidades da verdade espiritual, as quais estão além da ação do mecanismo mental, e então, em vez de entrar no redemoinho do intelectualismo, ele repousa sobre o dorso largo da águia da intuição e sobe para o ar rarefeito, onde os grandes poetas encontraram sua intuição; ele vê em seu próprio poder de sensação, de prazer no ar fresco e na luz do sol, na comida e no vinho, no movimento e no descanso, as possibilidades do homem sutil, aquilo que não morre nem com o corpo nem com o cérebro.

Os prazeres da arte, da música, da luz e da beleza – nesses estilos, que os indivíduos repetem até encontrar apenas as aparências, eles veem a glória dos Portais de Ouro e os transpõem para encontrar uma nova vida, ao ponto de se inebriarem e se fortalecerem, do mesmo modo que o ar puro da montanha os inebria e fortalece, graças ao seu vigor. Mas ao verter, gota a gota, e cada vez mais, o elixir da vida em sua taça, o indivíduo já será forte o suficiente para respirar esse intenso ar e nele viver. Então, se ele morrer ou se viver na forma física, continuará e encontrará novas e mais delicadas alegrias, experiências mais perfeitas e satisfatórias, com cada contração e expiração da respiração.

Capítulo II

O MISTÉRIO DO LIMIAR

1

Não há dúvida de que, ao ingressar em uma nova fase da vida, algo deva ser abandonado. A criança quando se torna um adulto deixa de lado as coisas infantis. São Paulo dá exemplo dessas palavras, como em muitas outras que ele nos deixou, de que havia provado do elixir da vida e que estava a caminho dos Portais de Ouro. A cada gota do elixir divino colocado no cálice do prazer, algo é purgado desse cálice, abrindo espaço para a gota mágica. Pois a Natureza lida generosamente com seus filhos: o cálice no ser humano está sempre cheio até a borda; e se ele decide provar a essência refinada e vivificante, deverá rejeitar algo da parte mais grosseira e menos sensível de si mesmo. Isso tem que ser feito diariamente, de hora em hora, com o tempo, a fim de que o projeto da vida possa aumentar constantemente. E para fazer isso com firmeza, o indivíduo deve ser seu próprio Mestre, deve reconhecer que está sempre carente de sabedoria, deve estar pronto para praticar quaisquer austeridades, usar contra si mesmo sem vacilação o bastão de bétula, a fim de atingir seu objetivo.

Torna-se evidente a qualquer um que considera seriamente o assunto, que somente aquele indivíduo que tem em si as potencialidades, tanto as estoicas quanto as da sensualidade, possui alguma chance de entrar nos Portais de Ouro. Ele deve ser capaz de experimentar e apreciar a fração mais delicada daqueles prazeres que a existência tem a oferecer; e ao mesmo tempo negar a si mesmo todo prazer, sem, contudo, sofrer com a contradição. Quando ele realiza o desenvolvimento desta dupla possibilidade torna-se então capaz de afastar-se de seus prazeres e remover de sua consciência os que pertencem absolutamente ao indivíduo físico[2]. Quando esses são removidos há outra classe de prazeres, ainda mais refinada, a ser tratada. Negociar com esses prazeres, que capacitarão um indivíduo a encontrar a essência da vida, não é o método defendido pelo filósofo estoico. O estoicismo não permite que no prazer haja alegria, e negando-se a si mesmo um, ele perde o outro. Mas o verdadeiro filósofo, que estudou a própria vida sem estar preso a qualquer sistema de pensamento, vê que o núcleo está dentro da casca e que, ao invés de esmagar completamente a noz, assim como faz um indivíduo grosseiro e indiferente, ele a obtém quebrando a casca e jogando-a fora.

Todas as emoções e sensações aplicam-se a esse processo; caso contrário, não poderiam fazer parte do desenvolvimento do indivíduo, um ele-

---

[2] No original em inglês: *clay*. (N.E.)

mento essencial da sua natureza. Para isso, diante de si há poder, vida, perfeição, onde cada porção de seu percurso está repleta de meios para ajudá-lo em seu objetivo; e negam esse fato somente aqueles que se recusam a reconhecer a vida como algo separado da matéria.

Sua posição mental é tão absolutamente arbitrária que é inútil enfrentá-la ou combatê-la. Durante todo o tempo, o invisível tem oprimido o visível, o imaterial tem dominado o material; em todos os tempos, os sinais e símbolos daquilo que está além da matéria têm esperado pelos materialistas para testá-los e avaliá-los. Para aqueles que, arbitrariamente, escolhem a imobilidade, nada há a ser feito, a não ser deixá-los permanecer tranquilos, realizando aquele trabalho monótono, acreditando que nisso consiste a maior atividade da existência.

2

Não há dúvida de que o ser humano deve educar-se para perceber o que está além da matéria, assim como deve educar-se para perceber o que está na matéria. Todos sabem que o início da vida de uma criança é um longo processo de adaptação, de aprender a entender o uso dos sentidos em relação às suas áreas especiais e de praticar os exercícios difíceis, complexos e de órgãos completamente imperfeitos, em referência à percepção do mundo da matéria. A criança é sincera e trabalha sem hesitação se quiser viver.

Algumas crianças nascidas na alvorada da Terra esquivam-se e recusam-se a enfrentar a imensa tarefa que está diante delas, mas que precisa ser realizada para tornar possível a vida na matéria. Elas voltam para as fileiras dos não nascidos; nós as vemos sacrificar seu múltiplo instrumento, o corpo, e desaparecer no sono. Assim ocorre com a grande multidão da humanidade que triunfou, conquistou e desfrutou do mundo da matéria. Os indivíduos dessa multidão, que aparentemente são tão poderosos e confiantes em seu ambiente familiar, na presença do Universo imaterial são como crianças. E os vemos, de todos os lados, diariamente, e de hora em hora, recusando-se a entrar, afundando-se de novo nas fileiras dos habitantes da vida física, apegando-se às consciências que eles experimentaram e compreenderam. A rejeição intelectual de todo conhecimento puramente espiritual é a indicação mais marcante dessa indolência, da qual os pensadores de todas as posições são certamente culpados.

É evidente que o esforço inicial é pesado, e é claramente uma questão de força, bem como de atividade voluntária. Mas não há como adquirir ou usar essa força quando adquirida, exceto pelo exercício da vontade. É inútil esperar nascer com grandes posses. No reino da vida, não há hereditariedade, exceto aquele do próprio passado do ser humano. Ele precisa acumular aquilo que é dele. Isso é evidente para qualquer observador da vida que usa seus olhos sem estar cego pelo preconceito; e mesmo quando o preconceito está presente, é impossível para o indivíduo sensato não perceber o fato.

É a partir disso que obtemos a doutrina do sacrifício e da redenção, permanecendo através de grandes períodos *post-mortem*, ou pela eternidade. Essa doutrina é uma maneira estreita e pouco inteligente de afirmar o fato na Natureza, aquilo que um homem semeia, ele colherá. A grande inteligência de Swedenborg viu o fato tão claramente que decidiu por endurecer-se em relação à essa existência em particular; seus preconceitos criando para ele a impossibilidade de perceber a chance de uma nova ação, quando não há mais o mundo sensível para atuar. Ele era muito dogmático para a observação científica, e não via que, como a primavera segue o outono, e o dia a noite, o nascimento deve seguir a morte. Ele chegou muito perto do limiar dos Portais de Ouro, e foi além do mero intelectualismo, apenas para fazer uma pausa e dar um passo adicional. O vislumbre que obteve do além da vida pareceu-lhe conter o Universo; e no fragmento de sua experiência, ele construiu uma teoria que incluía toda a vida, recusando-se a progredir além desse estado ou em qualquer possibilidade fora desse. Esta é apenas outra forma de tarefa monótona e árdua. Mas Swedenborg está em primeiro lugar diante da multidão de testemunhas para o fato de que os Portais de Ouro existem e podem ser percebidos das altas regiões do pensamento, e ele nos lançou uma leve onda de sensações a partir de seu limiar.

3

Uma vez que se considera o significado desses Portais, é evidente que não há outro caminho para escapar dessa forma de existência, exceto através deles. Os Portais somente podem admitir o ser humano para o lugar em que ele se converte no fruto, cuja flor é a natureza humana. A Natureza é a mais bondosa das mães para aqueles que dela necessitem; ela nunca se cansa de seus filhos ou deseja que sejam reduzidos em números. Seus braços amistosos se abrem para a vasta multidão que deseja nascer e viver na forma; e à medida que continuam a desejá-lo, ela permanece sorrindo. Por que, então, ela fecharia as portas a alguns? Quando uma vida não esgotou uma centésima parte do anseio da alma por uma sensação como a que se tem na existência, que razão pode haver para a sua partida a qualquer outro lugar? Certamente as sementes do desejo brotam onde o semeador as semeou. Isso parece razoável; e neste fato, aparentemente evidente, a mente indiana baseou sua teoria da reencarnação, do nascimento e renascimento na matéria, que se tornou parte tão familiar do pensamento oriental que já não precisa mais de demonstração.

O indiano sabe que para o ocidental um dia vivido é apenas um dos muitos dias que compõem o período da vida de um ser humano. Essa certeza que o Oriente possui com relação às leis naturais, que regem os grandes giros da existência da alma, é simplesmente adquirida por hábitos do pensamento. Muitos fixam suas mentes em assuntos que para o Ocidente são considerados impensáveis. Foi desta forma que o Oriente produziu as grandes flores do crescimento espiritual da humanidade. Seguindo as pegadas mentais de um milhão de seres, Buda passou pelos Portais de Ouro; e graças a uma grande multidão pressionando sobre o limiar, ele pôde deixar para trás as palavras que provam que aqueles Portais se abrirão.

PARTE II

Capítulo III

O ESFORÇO INICIAL

1

É facilmente visto que não há um ponto na vida ou experiência de um ser humano em que ele está mais próximo da essência das coisas do que qualquer outro. Aquela alma, a essência sublime, que preenche o ar com um resplandecente brilho, está lá, atrás dos Portais e dá o seu próprio tom. Mas que não há um único caminho para alcançá-los é imediatamente percebido, pelo fato de que essa alma deve, por sua própria natureza, ser universal.

Os Portais de Ouro não admitem nenhum lugar especial; o que fazem é abrir-se para dar saída de um local específico. O indivíduo passa por eles quando elimina sua limitação. Em qualquer ponto que seja mais fácil, ele pode romper a concha que o mantém na escuridão, rasgar o véu que o esconde do eterno; e na maioria das vezes esse ponto estará onde ele menos espera encontrá-lo. Com a ajuda de seu intelecto, os seres humanos saem em busca de fuga e estabelecem leis arbitrárias e limitadas sobre como alcançar o que para eles é inatingível. Muitos, na verdade, esperavam alcançar esse inatingível através da religião, porém, ao invés disso, constituíram posições tão marcadas e fixas de pensamentos e sentimentos, que longas eras seriam insuficientes para saírem da rotina.

Alguns acreditavam que através da ajuda de um intelecto puro, um caminho poderia ser encontrado; e a esses devemos a filosofia e a metafísica, que impediram a raça de mergulhar na sensualidade total. Porém, aquele que se esforça para viver só do intelecto vive em fantasias e insiste em dá-las a outros indivíduos como alimento substancial. Grande é nossa dívida para com os metafísicos e transcendentalistas; mas aquele que os seguem até o amargo fim, esquecendo-se de que o cérebro é apenas um órgão a ser utilizado, se encontrará num lugar em que uma maçante roda de argumento parece girar para sempre em seu eixo, sem ir a nenhuma parte nem arrastar nenhum peso.

A virtude (ou o que parece ser virtude a cada ser humano, seu padrão próprio e especial de moralidade e pureza) é sustentada por aqueles que a praticam como um caminho para o céu. Talvez a ética sensualista seja para o céu do sibarita[3] moderno. É tão fácil tornar-se um *gourmet* de vida pura e pensamento elevado como nos prazeres do gosto, da visão ou do som. A gratificação é o objetivo, tanto do indivíduo virtuoso quanto do alcoólatra; mesmo

---

[3] Sibarita – Aquele que é dado aos prazeres físicos, à voluptuosidade e à indolência, a exemplo dos antigos e ricos habitantes de Síbaris que tinham fama de cultivar esses hábitos. (N.E.)

que a vida do indivíduo virtuoso seja um milagre de abstinência e autossacrifício, um pensamento momentâneo mostra que ao seguir esse caminho aparentemente heroico ele está apenas buscando o prazer. O prazer para ele assume uma forma encantadora, porque suas gratificações são as de um doce sabor, e o agrada dar alegria aos outros, ao invés de se divertir às suas custas. Mas a vida pura e os pensamentos elevados não possuem um fim em si mesmos, bem como o de qualquer outro modo de prazer; e o ser humano que se empenha em encontrar contentamento nos prazeres deve intensificar seu esforço e repeti-lo continuamente – tudo em vão.

O ser humano virtuoso é como uma planta verde com lindas folhas; porém, são mais do que folhas. Se um indivíduo persiste cegamente em seu esforço, acreditando que alcançou seu objetivo, quando nem mesmo o percebeu, ele, na realidade, se encontra naquele lugar sombrio onde o bem é forçosamente realizado, porém, o ato virtuoso é sem o amor que deveria brilhar através dele. É bom para um indivíduo levar uma vida pura, pois é bom que ele tenha as mãos limpas – senão ele se torna desagradável. Mas a virtude, como atualmente a entendemos, não pode ter mais qualquer relação especial com o estado além do qual estamos limitados, do que qualquer outra parte de nossa constituição.

O espírito não é um gás criado pela matéria e não podemos criar nosso futuro usando um agente material e deixando de fora o restante. O espírito é a grande vida sobre a qual a matéria repousa, assim como o mundo rochoso permanece sobre o fluido e livre éter; sempre que podemos romper nossas limitações, nos encontramos naquela margem maravilhosa onde Wordsworth[4] viu o brilho do ouro. Quando acessamos essa margem, todo o presente deve desaparecer igualmente – virtude e vício, pensamento e sensação. Que o ser humano

---

[4] William Wordsworth (Cockermouth, 7 de abril de 1770 – Rydal Mount, 23 de abril de 1850) foi o maior poeta romântico inglês que ao lado de Samuel Taylor Coleridge ajudou a lançar o romantismo na literatura inglesa com a publicação conjunta, em 1798, das *Lyrical Ballads* - "Baladas Líricas". (N.E.)

colhe o que semeou, certamente, isso é verdadeiro; ele não tem poder para levar consigo aquilo que é da vida material; no entanto, o aroma de suas boas ações é um sacrifício muito mais doce do que o odor do crime e da crueldade. No entanto, pode ser que pela prática da virtude ele se prenda em um único grilhão, uma forma imutável de vida na matéria, tão firmemente que é impossível para a mente conceber que a morte possui poder suficiente para libertá-lo, e lançá-lo no largo e glorioso oceano – um poder suficiente para desfazer o inexorável e pesado trinco do Portal de Ouro. E algumas vezes o ser humano que pecou tão gravemente, cuja natureza está lacerada e obscurecida pelo fogo feroz da gratificação egoísta, encontra-se por fim completamente consumido e carbonizado que, do próprio vigor da luz da paixão, ele pula para frente. É de supor-se que tal indivíduo teria mais possibilidade de alcançar o limiar dos Portais do que o mero asceta ou filósofo.

Mas é de pouca utilidade alcançar o limiar dos Portais sem o poder de passar por eles. E isso é tudo que o pecador pode esperar fazer pela dissolução de si mesmo, que surge ao perceber sua própria alma. Isso parece ser tão inevitável, graças à sua condição negativa. O ser humano que levanta o trinco do Portal de Ouro precisa fazê-lo com a sua mão forte, de forma absolutamente positiva. Por analogia pode-se constatar esse fato. Em tudo na vida, em cada nova etapa ou desenvolvimento, é necessário que o ser humano exerça sua vontade mais dominante, com o objetivo de obter completamente o que deseja. De fato, em muitos casos, embora possua todas as vantagens e até certo ponto faça uso de sua vontade, havendo falta de resolução final e inconquistável, ele fracassará totalmente em obter o que deseja. Nenhuma educação no mundo tornará o ser humano uma glória intelectual para a sua época, mesmo que seus poderes sejam grandes; pois a menos que ele deseje positivamente capturar a flor da perfeição, será apenas um erudito frio, um negociante de palavras, um proficiente em pensamento mecânico e uma simples roda de memória. E aquele que tenha em si mesmo essa qualidade positiva se erguerá a despeito de circunstâncias adversas, reconhecerá e aproveitará a maré do pensamento que é seu alimento natural e, finalmente, permanecerá como um gigante no lugar em que deseja alcançar. Nós vemos isso praticamente todos os dias, em todas as esferas da vida. Portanto, não parece possível que o homem que simplesmente conseguiu, através das paixões, destruir a parte dogmática e estreita de sua natureza, passe por aqueles grandes Portais.

Mas como ele não é cego pelo preconceito, nem se prendeu a qualquer sulco mental, nem prendeu a direção de sua alma em qualquer sulco profundo da vida, parece que, se uma vez a vontade positiva pudesse nele nascer, poderia, em algum momento não irremediavelmente distante, levantar sua mão para alcançar o trinco.

Sem dúvida, esta é a tarefa mais difícil que já nos empenhamos na vida: libertar um indivíduo de todo preconceito, de todo pensamento ou sentimento cristalizado, de todas as limitações, e ainda desenvolver dentro de si uma vontade positiva. Parece muito de um milagre; pois na vida cotidiana a vontade positiva está sempre associada a ideias cristalizadas. Mas muitas coisas que parecem ser um grande milagre ainda precisam ser conquistadas, mesmo na restrita experiência de vida alcançada, atualmente, por nossa humanidade. Todo o passado nos mostra que a dificuldade não é desculpa para o abatimento, menos ainda para o desespero; senão o mundo teria ficado sem as muitas maravilhas da civilização. Consideremos isso mais seriamente, utilizando então nossa inteligência para a ideia de que isso não é impossível.

A grande dificuldade inicial é manter vivo o interesse naquilo que é invisível. Mesmo que isso seja feito todos os dias, temos apenas que observar como é realizado para orientar nossa própria conduta. Todo inventor fixa firmemente seu interesse no que é invisível; e depende inteiramente da firmeza desse apego, seja ele bem-sucedido ou não. O poeta que olha para o seu momento de criação como aquele para o qual vive, vê o que é invisível e ouve o que é silencioso.

Provavelmente, nesta última analogia, há uma pista sobre o modo pelo qual o sucesso desta viagem para a fronteira do desconhecido ("de onde, de fato, nenhum viajante retorna") é alcançado. Isso aplica-se também ao inventor e a todos os que transcendem o nível mental e psíquico comum da humanidade. A chave encontra-se nessa palavra: "criação".

2

Geralmente, a palavra "criar" é compreendida pela mente ordinária para produzir a ideia de que algo evolui do nada. Esse, por certo, não é o seu significado; somos obrigados mentalmente a fornecer ao nosso Criador o caos do qual os mundos são produzidos. O agricultor, produtor típico da sociedade, precisa ter seu material, sua terra, seu céu, chuva e sol, e as sementes para depositar no interior da terra. Do nada ele não pode produzir nada. De um vazio a Natureza não pode surgir;

existe um material que está além, por detrás ou no interior, a partir do qual a Natureza é moldada pelo nosso desejo por um Universo. É fato evidente que as sementes, a terra, o ar e a água levam à germinação, e existem em todos os planos de ação. Se você falar com um inventor, descobrirá que ele sempre percebe, muito à frente do que ele está fazendo agora, algo a ser feito, e que não pode ser expresso em palavras, porque ainda não o desenhou em nosso atual mundo de objetos. Esse conhecimento do invisível é ainda mais definido e inexprimível no poeta, até que ele o tenha tocado com alguma parte dessa consciência que ele compartilha com outros indivíduos. Porém, em proporção estrita à sua grandeza, ele vive em um estado de consciência que o ser humano comum nem mesmo acredita existir – a consciência que habita no vasto Universo, que respira no ar sem limites, que contempla vastos céu e terra, e que arrebata sementes de plantas de proporções gigantescas.

É esse espaço da consciência que precisamos alcançar. É fato que não está reservado apenas para os gênios, tanto os mártires quanto os heróis o encontraram e nele habitaram. Não é de exclusividade deles, porém somente aqueles com grande alma podem encontrá-lo.

Nesse fato, não há necessidade de desânimo. Popularmente, supõe-se que a grandeza da alma é, em princípio, uma coisa inata. Essa crença deve ser resultado de falta de reflexão, de cegueira em relação aos fatos da Natureza. Essa grandeza só pode ser alcançada pelo crescimento; isso nos é continuamente demonstrado. Mesmo as montanhas ou a própria Terra são grandes devido à força do peculiar mecanismo de crescimento para aquele estado de materialidade – a acumulação de átomos.

À medida que a consciência, inerente a todas as formas existentes, passa a formas mais avançadas de vida, ela torna-se mais ativa e, proporcionalmente, adquire o poder de crescer por assimilação, ao invés de acumulação. Olhando para a existência desse ponto de vista especial (na realidade, habitualmente consideramos a vida através de planos, e esquecemos as grandes linhas que os unem e que correm através deles), imediatamente percebemos que é razoável a suposição de que, assim que avançamos além do nosso atual ponto de vista, o poder de crescimento pela assimilação se tornará um método ainda mais rápido, fácil e inconsciente.

De fato, o Universo está repleto de promessas magníficas para nós, se apenas levantarmos nossos olhos e vermos. Levantar os olhos é a primeira necessidade, bem como a primeira dificuldade; posto que com tanta facilidade nos contentamos com o que vemos ao alcance de nossas mãos.

O gênio tem fome daquilo que está longe nas colinas, e ele é, comparativamente, indiferente àquele fruto que está apenas ao alcance de suas mãos. Na realidade, ele não precisa da sensação do contato para despertar o desejo. Ele sabe que o fruto distante, percebido sem o auxílio dos sentidos físicos, é um alimento mais sutil e forte do que qualquer outro que lhe agrade. E como ele é recompensado! Quando ele experimenta aquele fruto, quão forte e doce é o seu sabor, e que novo sentido de vida flui para ele! Pois, ao reconhecer esse sabor, ele reconheceu a existência dos sentidos sutis, aqueles que alimentam a vida do ser interno; e é pela força desse ser interno, e apenas pela sua força, que o trinco dos Portais de Ouro pode ser levantado.

De fato, é somente pelo desenvolvimento e crescimento do ser interno que a existência desses Portais, e daquilo a que eles admitem, pode ser percebida. Enquanto o indivíduo estiver contente com os seus sentidos grosseiros e não se importar com os sutis, os Portais permanecerão literalmente invisíveis.

Assim, como a porta de entrada da vida intelectual é como algo inato e inexistente para o camponês, do mesmo modo, para o indivíduo rústico, mesmo que tenha uma vida intelectual ativa, o que está além é inato e inexistente, simplesmente porque ele não abre o livro.

Para o funcionário que limpa o pó da biblioteca do estudioso, os volumes fechados não têm significado; eles nem parecem conter uma promessa, a menos que esse também seja um estudioso, não apenas um funcionário. É possível contemplar, por toda a eternidade, um exterior fechado, por pura indolência – indolência mental, que é incredulidade, e que por fim os seres humanos aprendem a se orgulhar; eles chamam isso de ceticismo e falam do reino da razão. Não é mais do que um estado para justificar o orgulho do sibarita oriental, que nem sequer leva sua comida à boca; ele é "razoável" porque também ele não vê valor algum nisso e, consequentemente, não o exerce. Assim ocorre com o cético; a decadência segue a condição de inação, seja mental, psíquica ou física.

3

Consideremos agora como se deve superar a dificuldade inicial de manter o interesse pelo que é invisível. Nossos sentidos grosseiros referem-se apenas àquilo que é objetivo no sentido comum da palavra; mas além deste campo da vida existem sensações mais refinadas que apelam para sentidos mais sutis. Aqui encontramos a primeira chave para os trampolins que necessitamos. O indivíduo olha deste ponto de vista, como de um ponto onde muitos raios ou linhas se centram; e se ele tiver a coragem ou o interesse de se separar da forma mais simples de vida, e explorar um pouco mais ao longo dessas linhas ou raios, inevitavelmente, todo o seu ser se amplia e se expande, e ele começa a crescer em grandeza.

Mas é evidente, se aceitarmos essa ilustração como verdadeira, que o ponto mais importante é não explorar mais persistentemente uma linha do que outra; senão o resultado será uma deformidade. Sabemos quão poderosa é a majestade e a dignidade própria de uma árvore em uma floresta, com ar suficiente para respirar, espaço para que suas raízes sejam cada vez mais largas, e vitalidade interna com a qual realiza sua incessante tarefa. Ela obedece à lei do crescimento, natural e perfeita; e a admiração peculiar que inspira surge desse fato.

Como é possível obter reconhecimento do ser interno, observar seu crescimento e estimulá-lo?

Vamos tentar seguir um pouco o caminho que obtivemos, embora provavelmente as palavras logo se tornem inúteis.

Cada um deve viajar sozinho e sem auxílio, pois o viajante deve subir sozinho, quando se aproxima do cume da montanha. Nenhum animal de carga pode ajudá-lo lá; nem os sentidos grosseiros ou qualquer coisa que os toquem podem ajudá-lo nesse ponto. Porém, por uma curta distância, as palavras podem nos acompanhar.

A língua reconhece nos alimentos o valor da doçura ou o sabor picante. Para o indivíduo cujos sentidos são da ordem mais simples, não há outra ideia de doçura que essa. Mas uma essência mais refinada, uma sensação mais elevada, é alcançada por outra percepção. A doçura no rosto de uma mulher adorável, ou no sorriso de um amigo, é reconhecida por aquele cujos sentidos internos têm pelo menos um pouco o impulso da vitalidade. Para aquele que ergueu o trinco dourado, emana a fonte das águas doces, a própria fonte de onde surge toda a suavidade, convertendo-se numa parte de sua herança.

Mas antes que esta fonte possa ser provada, ou qualquer outra encontrada ou alcançada, uma pesada carga deve ser libertada do coração, uma barra de ferro que pressiona e impede que sua força emerja.

O indivíduo que reconhece a fonte de doçura através da Natureza e de todas as formas de vida elevou-se para aquele estado no qual não há escravidão. Ele sabe que é parte do grande todo; e que sua herança é esse conhecimento. É rompendo o vínculo arbitrário que o prende ao seu centro pessoal que ele atinge a maioridade, e se torna o governante de seu reino. À medida que ele se expande, graças a variadas experiências ao longo daquelas linhas cujo centro encontra-se no ponto onde está encarnado, ele descobre que está em contato com toda a vida, que dentro de si mesmo contém o todo.

E somente então se rende à grande força que nós chamamos de benéfica, agarra-a com firmeza, com todas as forças de sua alma, e então, rapidamente, é arrastado para as grandes e largas águas da vida real. Quais são essas águas? Em nossa vida atual, temos apenas a sombra da substância. Nenhum indivíduo ama sem saciar-se, nenhum indivíduo bebe vinho e sua sede é saciada. A fome e o desejo escurecem o céu e tornam a terra hostil. O que precisamos é de uma terra que produza frutos vivos; um céu que seja sempre repleto de luz. Certamente iremos encontrá-lo, se verdadeiramente necessitarmos.

Capítulo IV

O SIGNIFICADO DA DOR

1

Lance um olhar para o âmago profundo da vida. De onde vem a dor que obscurece a existência dos seres humanos? Ela está sempre no limiar, e atrás dela encontra-se o desespero.

O que são essas duas figuras esqueléticas e por que lhes é permitido serem nossas companheiras constantes?

Somos nós que as permitimos, nós que as ordenamos, quando permitimos e ordenamos a ação dos nossos corpos; e fazemos isso inconscientemente. Mas, por meio de experimentos e investigações científicas, aprendemos muito sobre nossa vida física; e parece que podemos obter, pelo menos, igual resultado em relação à nossa vida interior, adotando métodos semelhantes.

A dor desperta, suaviza, quebra e destrói. Considerada de um ponto de vista suficientemente distante, ela surge, por sua vez, como um remédio, uma faca, uma arma, um veneno. Evidentemente, é um instrumento, uma coisa que é usada. O que desejamos descobrir é quem é o usuário; qual parte de nós que exige a presença dessa coisa tão odiosa para o restante?

O medicamento é usado pelo médico, o bisturi pelo cirurgião; mas a arma da destruição é usada pelo inimigo, por aquele que odeia.

Será que apenas usamos meios, ou desejamos usá-los para o benefício de nossas almas, como também travamos guerra dentro de nós e combatemos no santuário interno? Aparentemente é assim, pois é certo que, se a vontade humana descontraísse em relação a essa batalha, não manteria mais a vida no estado em que a dor existe. Por que ele deseja sua própria dor?

À primeira vista, parece que ele deseja principalmente o prazer, e assim está disposto a continuar naquele campo de batalha, onde trava guerra com a dor, esperando sempre que o prazer conquiste a vitória e a leve para casa. Esse é apenas o aspecto externo do estado em que se encontra o ser humano.

Ele sabe, por si mesmo, que a dor é codirigente com o prazer e que, embora sempre se trave a guerra, ela nunca vencerá. O observador superficial conclui que o indivíduo se submete ao inevitável. Mas isso é uma falácia, indigno de discussão. Pensando um pouco mais seriamente, veremos que o indivíduo não existe, exceto pelo exercício de suas qualidades positivas; logicamente, supõe-se que ele escolhe, pelo exercício dessas mesmas qualidades, o estado em que viverá.

Admitido, então, devido ao nosso argumento, que o ser humano deseja a dor, porque ele deseja algo tão desagradável para si mesmo?

2

Se considerarmos cuidadosamente a constituição do ser humano e suas tendências, pareceria haver duas direções definidas nas quais ele cresce. Ele é como uma árvore que cria suas raízes no solo, ao mesmo tempo em que ergue seus novos ramos em direção aos céus. Essas duas linhas que partem de um ponto pessoal e central são claras, definidas e inteligíveis. A uma, ele chama bem, a outra, mal. Mas o indivíduo não é, de acordo com qualquer analogia, observação ou experiência, uma linha reta. Sua vida, seu progresso, seu desenvolvimento, chame-se como queira, não consiste meramente em seguir um caminho reto ou outro, como alegam os filiados às religiões. Toda a questão, o grande problema, seria facilmente resolvido então. Porém, não é tão fácil ir para o inferno como os pregadores declaram ser. É uma tarefa tão difícil quanto encontrar o caminho para o Portal de Ouro.

Um indivíduo pode destruir-se completamente no prazer dos sentidos – ao que parece, pode degradar toda a sua natureza – mas ele falha em tornar-se o diabo perfeito, pois ainda há a centelha da luz divina em seu interior. Ele busca escolher a estrada ampla que leva à destruição, e bravamente entra num impetuoso percurso. Mas logo ele é controlado e surpreendido por uma tendência impulsiva – algumas das muitas outras radiações que saem do centro de si mesmo. Ele sofre, como sofre o corpo quando desenvolve monstruosidades que impedem sua ação saudável. Criou sua dor e tem se encontrado com sua própria criação. Pode parecer que esse argumento é de difícil aplicação em relação à dor física. Não é assim, se o indivíduo é considerado de um ponto de vista mais elevado do que aquele que geralmente ocupamos. Se ele é visto como uma consciência poderosa que forma suas manifestações externas de acordo com seus desejos, então é evidente que a dor física resulta da deformidade nesses desejos. Sem dúvida, parecerá a muitas mentes que essa concepção de ser humano é demasiadamente gratuita, e envolve um salto mental muito grande para lugares desconhecidos, onde a prova é inatingível. Mas se a mente está acostumada a encarar a vida deste ponto de vista, muito em breve nenhum outro é aceitável; os fios da existência, que ao observador materialista parecem desesperadamente emaranhados, separam-se e ajustam-se, de modo que uma nova compreensão ilumine o Universo. O criador arbitrário e cruel que inflige dor e prazer à vontade então desaparece de cena; e isso é bom, pois ele é realmente um personagem desnecessário, e, pior ainda, é uma mera criatura de palha, que não pode nem mesmo erguer-se sobre as tábuas sem o apoio dos dogmáticos. O ser humano vem a este mundo, certamente, com o mesmo princípio que ele vive em qualquer cidade; em todo caso, se é demais afirmar isso, pode-se perguntar com segurança, por que não é assim? Não existem para isso razões nem pró e nem contra pelas quais os materialistas possam apelar ou que pesariam em um tribunal de justiça; mas eu afirmo isso a favor do argumento – que nenhum indivíduo, tendo uma vez considerado isso seriamente, pode voltar-se às teorias formais dos céticos. Seria o mesmo que se envolver em cueiros, como um recém-nascido.

Concordando com esse argumento, que o ser humano é uma consciência poderosa, seu próprio criador, seu próprio juiz e que em seu interior reside, potencialmente, toda a vida, até o objetivo final, consideremos, então, as razões pelas quais ele se inflige o sofrimento.

Se a dor é o resultado de um desenvolvimento desigual, de crescimentos monstruosos, de avanços defeituosos em diferentes pontos, por que o ser humano não aprende a lição e esforça-se para desenvolver-se por igual?

Parece-me que a resposta a essa pergunta seria que esta é a verdadeira lição que a raça humana está empenhada em aprender. Talvez isso seja uma afirmação ousada demais a ser feita diante do pensamento comum, que considera o ser humano como criatura do acaso que vive no caos ou como uma alma ligada à inexorável roda da carruagem de um tirano, lançada ao céu ou precipitada no inferno. Mas tal modo de pensar é, afinal de contas, o mesmo que o da criança que considera seus pais os árbitros finais de seus destinos e, de fato, como os deuses ou demônios de seu universo. À medida que cresce, ela deixa de lado essa ideia, descobrindo que é simplesmente uma questão de amadurecimento, que é governante da sua própria vida, como qualquer outro.

Assim é com relação à raça humana. Ela é a governante do mundo, árbitro de seu próprio destino, e não há quem disso discorde. Aquele que fala de providência ou casualidade não se deu ao trabalho de pensar.

O destino, o inevitável, existe na verdade, tanto para a raça como para o indivíduo; mas quem pode declarar isso, senão ele mesmo? Não há nenhuma nuvem no céu ou na terra para a existência de qualquer mandante que não seja o próprio ser humano, que sofre ou desfruta daquilo que ele mesmo ordena. Sabemos tão pouco de nossa própria constituição, somos tão ignorantes de nossas funções divinas que nos é impossível, ainda, saber o quanto somos realmente o próprio destino. Mas sabemos disso pelos eventos – que até onde qualquer percepção alcance, nenhuma dica ainda foi descoberta sobre a existência de um mandante; enquanto que, se concedermos muito pouca atenção à nossa própria vida, a fim de observar a ação do indivíduo em seu futuro, logo percebemos, em operação, esse poder como uma força real. É visível, embora nosso alcance de visão seja muito limitado.

O indivíduo do mundo, puro e simples, é de longe o melhor observador prático e filosófico a respeito da vida, porque não está cego pelos preconceitos. Sempre o encontraremos acreditando que colherá aquilo que semeia. E isso é tão evidentemente verdadeiro, que ao ser considerado com uma visão mais ampla, incluindo toda a vida humana, torna compreensível o horrível Nêmesis[5], que parece perseguir, conscientemente, a raça humana – essa inexorável aparência de dor no meio do prazer.

Os grandes poetas gregos viram essa aparição tão claramente que o registro de suas observações deu a ideia, a nós, observadores mais jovens e mais cegos, desse fato. É improvável que uma raça tão materialista como a que cresceu no Ocidente tenha descoberto por si mesma a existência desse fator terrível na vida humana, sem a assistência dos poetas mais antigos – os poetas do passado. A propósito, podemos notar nisso um valor distinto do estudo dos clássicos – que grandes ideias e fatos sobre a vida humana, que são inseridos em suas poesias, pelos antiquíssimos anciões, não serão absolutamente perdidos, como acontece em suas artes.

Sem dúvida o mundo florescerá novamente, e pensamentos mais amplos e descobertas mais

---

[5] Na mitologia grega, deusa da vingança e da justiça distributiva. (N.E.)

profundas do que as do passado serão a glória dos seres humanos que surgirão no futuro; mas até esse longínquo dia chegar, os tesouros deixados não foram demasiadamente valorizados.

Há um aspecto da questão que, à primeira vista, parece positivamente negativo quanto a este modo de pensar; é o sofrimento no corpo físico, aparentemente puro, dos seres ignorantes, das crianças pequenas e dos animais – e a necessidade desesperada do poder, que advém de qualquer tipo de conhecimento, para ajudá-los em seus sofrimentos.

A dificuldade que surge na mente com relação a isso vem da ideia insustentável da separação da alma do corpo. Supõem-se que todos aqueles que olham apenas para a vida material (especialmente os médicos) que o corpo e o cérebro são pares, que convivem lado a lado, e reagem um sobre o outro. Além disso, eles não reconhecem e não admitem nenhuma causa. Esquecem que tanto o cérebro quanto o corpo são evidentemente meros mecanismos, assim como a mão ou o pé. Há o ser interno – a alma – por detrás, usando todos esses mecanismos; e isso é, evidentemente, a verdade, conhecida por todos nós, em relação a todas as existências e também no que diz respeito ao próprio indivíduo.

Não podemos encontrar nenhum ponto na escala do ser em que a causação da alma cesse ou possa cessar. A ostra vagarosa deve ter em si mesma aquilo que a faz escolher a vida inativa que leva; ninguém mais pode escolher por ela, mas somente a alma por detrás, o que ela se tornará. De que outra forma ela pode, de algum modo, ser ou estar onde está? Somente pela intervenção de um criador impossível, chamado por um ou outro nome.

É porque o indivíduo é tão ocioso, tão indisposto a assumir ou aceitar a responsabilidade, que ele recorre a um paliativo temporário de um criador. É de fato temporário, pois só dura durante a atividade do poder de um cérebro pessoal que encontra seu lugar entre nós.

Quando o indivíduo deixa essa vida mental para trás, ele necessariamente parte com sua lanterna mágica e as ilusões agradáveis que ele invocou através de sua própria ajuda. Esse momento deve ser bastante desconfortável, e deve produzir uma sensação de nudez não corrompida por nenhuma outra sensação. Recusando-se a aceitar fantasmas irreais como sendo de carne, osso e poder, ele, aparentemente, também se salva dessa experiência desagradável.

O ser humano gosta de empurrar a responsabilidade não apenas de sua capacidade de pecar e da possibilidade de sua salvação, mas de sua própria vida, sua própria consciência, sobre os ombros do Criador. Ele se contenta com um pobre Criador – aquele que se satisfaz com um universo de fantoches, e diverte-se ao puxar suas cordas. Se ele é capaz de tal prazer, deve estar ainda em sua infância. Talvez seja assim, afinal de contas, o Deus dentro de nós está em sua infância, e recusa-se a reconhecer seu elevado estado.

Se, de fato, a alma do ser humano está sujeita às leis do crescimento, da decadência e do renascimento de seu corpo, então não é de admirar sua cegueira. Evidentemente, isso não é assim; pois a alma do ser humano é daquela ordem da vida que origina estrutura e forma, não sendo afetada por tais coisas – daquela ordem da vida que, como a chama pura e abstrata, queima onde for acesa. Isso não é afetado ou alterado pelo tempo, e o crescimento e a decadência são de sua natureza superior. Permanece naquele lugar primitivo, que é o único trono de Deus; aquele lugar de onde emergem as formas de vida e para onde elas retornam. Esse lugar é o ponto central da existência, onde há um ponto permanente de vida, como existe no centro do coração humano. Por meio do desenvolvimento igual – primeiro pelo reconhecimento do mesmo e, então, por seu harmônico desenvolvimento sobre as muitas linhas radiantes da experiência – que o homem é finalmente habilitado a alcançar o Portal de Ouro e erguer o trinco. O processo é o reconhecimento gradual do deus em si mesmo; a meta é alcançada quando essa divindade é conscientemente restaurada à sua justa glória.

3

A primeira coisa que é necessária a ser realizada pela alma humana, a fim de envolver-se neste grande esforço de descobrir a verdadeira vida, é o mesmo realizado pela criança em seu primeiro desejo de atividade no corpo – ela deve ser capaz de ficar de pé. É claro que o poder de manter-se firme, do equilíbrio, da concentração, da retidão na alma são qualidades de um caráter forte. A palavra que se apresenta mais prontamente como descritiva dessas qualidades é “confiança”.

Permanecer imóvel em meio à vida e às suas mudanças, firme no lugar escolhido, é uma façanha que só pode ser realizada por aquele que confia em si mesmo e em seu destino. Caso contrário, as apressadas formas de vida, a maré apressada dos indivíduos, as grandes inundações de pensamento, inevitavelmente os levarão consigo, e então ele perderá aquele lugar de consciência de onde era possível iniciar o grande empreendimento. Este ato do indivíduo recém-nascido deve ser levado a cabo conscientemente, e sem pressão externa. Todos os grandes da Terra possuíram essa confiança e permaneceram firmemente naquele lugar que para eles era o único ponto sólido no Universo. Para cada indivíduo este lugar é necessariamente diferente. Cada um deve encontrar sua própria terra e seu próprio céu.

Temos o desejo instintivo de aliviar a dor, mas para isso, como em tudo o mais, trabalhamos externamente. Nós simplesmente a aliviamos; e se fizermos mais, e a expulsarmos da primeira fortaleza escolhida, ela reaparecerá em algum outro lugar com vigor reforçado. Se for finalmente expulsa do Plano Físico por um esforço persistente e bem-sucedido, reaparece nos Planos Mentais ou Emocionais, onde nenhum indivíduo pode tocá-la. Que isto é assim é facilmente visto por aqueles que conectam os vários planos da sensação, e que observam a vida com aquela iluminação adicional. Os seres humanos geralmente consideram essas diferentes formas de sentimento como realmente separadas, ao passo que, na verdade, elas são evidentemente apenas lados diferentes de um centro – o ponto da personalidade. Se aquilo que brota no centro, a fonte da vida, exige alguma ação impeditiva, e consequentemente causa dor, a força assim gerada, sendo expulsa de uma fortaleza deve encontrar outra; não pode ser expulsa. E todas as combinações da vida humana que causam emoção e angústia existem para seu uso e propósitos, da mesma forma aquelas que geram prazer. Ambas têm seu lar no ser humano; ambas exigem sua expressão de direito. O maravilhoso e delicado mecanismo da estrutura humana é construído para responder ao seu mais leve toque; as extraordinárias complexidades das relações humanas evoluem, por assim dizer, para a satisfação desses dois grandes opostos da alma.

A dor e o prazer estão distantes e separados, assim como ambos os sexos; e é na fusão, tornando os dois em um, que a alegria, a profunda sensação e a paz são obtidas. Onde não há nem macho nem fêmea, nem dor nem prazer, há o deus no indivíduo dominante, e assim é a vida real.

Assim, afirmar esta questão pode ter muito das características do dogmático que pronuncia suas afirmações a partir de um púlpito seguro, sem contradições; porém, é unicamente dogmatismo, como é dogmatismo o registro do esforço de um cientista em uma nova direção. A menos que se possa provar que a existência dos Portais de Ouro é real, e não mera fantasmagoria de visionários fantasiosos, então não vale a pena falar sobre eles. No Século XIX, fatos concretos ou argumentos legítimos só apelam para a mente dos seres humanos; e tanto melhor. Pois, a menos que a vida em que avançamos seja cada vez mais real e efetiva, é inútil o tempo desperdiçado em ir atrás dela. A realidade é a maior necessidade do ser humano, e ele a exige a qualquer custo, a qualquer preço. Então que seja. Ninguém duvida que ele tenha razão. Deixe-nos assim irmos em busca da realidade.

4

Uma lição definida aprendida por todos aqueles que sofrem intensamente será de grande utilidade para a nossa consideração. Na dor intensa atinge-se um ponto em que ela é indistinguível do seu oposto, o prazer. Isso é verdade, porém, poucos têm o heroísmo ou a força para sofrer até um grau tão extraordinário. É tão difícil alcançá-lo como é pelo outro caminho. Apenas uns poucos eleitos têm a gigantesca capacidade para o prazer, que lhes permitirá viajar para o seu oposto. A maioria somente tem força suficiente para desfrutar e se tornar escrava do prazer. No entanto, o indivíduo tem indubitavelmente dentro de si o heroísmo necessário para a grande jornada; porém, como é que os mártires sorriram em meio à tortura? Como é que o pecador profundo que vive por prazer pode, finalmente, sentir em si mesmo a inspiração divina?

Em ambos os casos, tem surgido a possibilidade de encontrar o caminho; mas muitas vezes essa possibilidade é eliminada pelo desequilíbrio da natureza sobressaltada. O mártir adquiriu uma paixão pela dor e vive com a ideia de um sofrimento heroico; o pecador se torna cego pela ideia da virtude e a adora como um fim, como um objeto, uma coisa divina em si mesma; visto que somente pode ser divina como uma parte desse todo infinito que inclui tanto o vício quanto a virtude.

Como é possível dividir o infinito – aquilo que é um? É tão razoável conceder divindade a qualquer objeto, como tomar uma taça de água do oceano e declarar que nela está contido o oceano. Você não pode separá-lo; a água salgada faz parte do imenso mar e assim deve ser; mas mesmo assim você não segura o mar na sua mão. Os seres humanos desejam tão ansiosamente o poder pessoal, que estão prontos para colocar o infinito em uma taça, a ideia divina em uma fórmula, imaginando possuí-la. Estes são apenas aqueles que não podem se levantar e se aproximar dos Portais de Ouro, pois o grande sopro da vida os confunde; são golpeados pelo horror ao descobrir quão enorme são esses Portais. O adorador de um ídolo mantém, em seu coração, a imagem de seu ídolo e sempre queima uma vela diante do mesmo. É o seu ídolo e se compraz com esse pensamento, embora se incline reverentemente diante dele. Quantos seres humanos virtuosos e religiosos não se encontram nesse mesmo estado? Nos recessos da alma, a lâmpada está queimando diante de um deus doméstico – uma coisa possuída por seu adorador e sujeita a ele. Os indivíduos se apegam com desesperada tenacidade a estes dogmas, a estas leis morais, a estes princípios e modos de fé, que são seus deuses domésticos, seus ídolos pessoais. Peça-lhes que queimem a chama incessante em reverência apenas ao infinito, e eles se afastam de você. Seja qual for a maneira como eles desprezam o seu protesto, dentro deles mesmos deixam uma sensação de doloroso vazio. Pois a nobre alma dos seres humanos, aquele poderoso rei que está dentro de todos nós, sabe perfeitamente bem que esse ídolo doméstico pode, em qualquer momento, ser derrubado e destruído – que em si mesmo carece de toda finalidade, sem nenhuma vida real e absoluta. E ele se contentou em possuí-lo, esquecendo-se de que tudo que é possuído só pode ser mantido, temporariamente, pelas leis imutáveis da vida. Ele esqueceu que o infinito é seu único amigo; esqueceu que em sua glória está seu único lar – que somente ele pode ser seu deus. Lá ele se sente como se fosse desamparado; mas, entre os sacrifícios que oferece ao seu próprio e especial ídolo, ele encontra um breve local de descanso; e por isso se apega apaixonadamente ao ídolo.

Poucos têm a coragem, ainda que lentamente, de enfrentar a grande desolação que se encontra fora deles mesmos, e lá repousar, enquanto apegam-se à pessoa que representam, o "eu" que para eles é o centro do mundo, a causa de toda a vida. Em seu anseio por um deus, eles encontram a razão da existência de um; no desejo por um corpo sensorial e um mundo para desfrutar, a causa do Universo existe para eles. Essas crenças podem estar ocultas muito abaixo da superfície e, de fato, de difícil acesso; mas a razão pela qual o ser humano se mantém em pé, está no fato de que as crenças lá se encontram. Ele é, para si mesmo, o infinito e o deus; sustenta o oceano em uma taça. Nesta ilusão ele nutre o egoísmo que torna a vida prazerosa e a dor agradável. Nesse profundo egoísmo está a causa e a fonte da existência do prazer e da dor, pois a menos que o indivíduo vacilasse entre estes dois, e incessantemente lembrasse a si mesmo, pela sensação, de que o egoísmo existe, ele o esqueceria. E, nesse fato, está toda a resposta à pergunta: "Por que o homem cria dor para seu próprio desconforto?"

O fato estranho e misterioso permanece, até então, inexplicável; ao se iludir, o ser humano meramente interpreta a Natureza ao contrário e atribui a significação da vida às palavras de morte. Para aquele indivíduo que realmente segura o infinito dentro de si, e que o oceano realmente está na taça, é uma verdade incontestável; mas unicamente é assim, porque a taça é absolutamente inexistente. É meramente uma experiência do infinito, impermanente, sujeita a ser destroçada a qualquer instante.

É na reivindicação da realidade e da permanência dos quatro muros de sua personalidade que o ser humano comete o grande erro, mergulhando numa série prolongada de incidentes infelizes e intensificando continuamente a existência de suas formas favoritas de sensação. Prazer e dor se tornam para ele mais reais do que o grande oceano do qual ele faz parte e onde encontra seu lar; perpétua e dolorosamente bate contra esses muros, nos quais sente, e seu eu mesquinho oscila dentro da sua prisão escolhida.

PARTE III

Capítulo V

O SEGREDO DA FORÇA

1

Força para avançar é a principal necessidade daquele que escolheu esta senda. Onde encontrá-la? Olhando em volta, não é difícil ver onde outro ser humano encontra sua força. Sua origem está em sua profunda convicção. Através desse grande poder moral, aquilo que o capacita a prosseguir, e que ele conquista, por mais frágil que seja, é trazido à luz em sua vida natural. Conquistar o quê? Nem continentes nem os mundos, mas a si mesmo. Por meio dessa vitória suprema obtém-se a entrada no Todo, onde tudo o que pode ser conquistado e obtido por esforço se converte ao mesmo tempo, não em algo, mas em si mesmo.

Colocar armaduras e sair para a guerra, tendo as chances de morte, na pressa de lutar, é uma coisa fácil; permanecer quieto em meio ao balanço do mundo, para preservar a quietude do tumulto do corpo, para manter silêncio em meio aos milhares de gritos dos sentidos e desejos, pegar a serpente mortal do *self* e matá-lo, estando despojado de toda a armadura e sem pressa ou excitação, não é uma coisa fácil. No entanto, é isso que deve ser feito; e isso apenas pode ser realizado no momento de equilíbrio, quando o inimigo está desconcertado com o silêncio.

Para esse momento supremo é necessária uma força tal, como a que nenhum herói do campo de batalha necessita. Um grande soldado deve ser preenchido com as profundas convicções da justiça de sua causa e da correção de seu método. O indivíduo que combate contra si mesmo e vence a batalha, somente age dessa forma quando sabe que é algo que vale a pena ser feito e que assim agindo, ele ganhará o céu e o inferno como seus servos. Sim, ele permanece em ambos. Ele não precisa de um céu onde o prazer vem como uma recompensa há muito prometida; ele não teme o inferno onde a dor espera para puni-lo por seus pecados. Pois ele conquistou, em si mesmo, uma vez por todas, aquela serpente que se move de um lado para o outro em seu constante desejo de contato, em sua busca perpétua por prazer e dor. Nunca mais (uma vez que a vitória foi alcançada) tremerá, ou crescerá exultante com qualquer pensamento acerca do que o futuro lhe reserva. Aquelas ardentes sensações, que pareciam ser as únicas provas de sua existência, não mais lhe pertencem. Como, então, saber que vive? Sabe apenas por argumentos. E, com o tempo, não cuida sequer de arguir acerca do mesmo. Para ele, então, há paz; e nela encontrará o poder cobiçado. Então conhecerá essa fé que remove montanhas.

2

A religião mantém o indivíduo afastado da senda e impede que ele dê um passo à frente, por várias razões muito simples. Primeiro, comete um erro vital de distinguir entre o bem e o mal. A Natureza não conhece tal distinção; e as leis morais e sociais estabelecidas por nossas religiões são tão temporárias como coisas pertencentes ao nosso modo e forma especial de existência, da mesma maneira que são as leis morais e sociais das formigas ou das abelhas.

Ultrapassamos o estado em que as coisas parecem ser finais, e as esquecemos para sempre. Isto é facilmente demonstrado; um indivíduo de hábitos amplos de pensamento e de inteligência deve modificar seu código de vida quando habita entre outros povos. Essas pessoas, entre as quais ele é estrangeiro, têm suas próprias religiões, profundamente enraizadas e convicções hereditárias, contra as quais ele não pode se opor. A menos que seja uma mente extremamente estreita e obtusa, ele vê que sua forma de lei e ordem são tão boas como as delas. O que ele então pode fazer, senão reconciliar sua conduta gradualmente com as regras dessas pessoas? E então, se ele habita por muitos anos entre elas, a ponta afiada da diferença é desgastada, e, por fim, ele esquece onde termina a sua fé e a delas começa. No entanto, deve o seu próprio povo dizer se ele errou ou se não feriu nenhum outro e permaneceu justo?

Eu não estou atacando nem a lei e nem a ordem; não falo dessas coisas com aversão impulsiva. Elas são tão vitais e tão necessárias quanto é o código que rege a vida de uma colmeia para o sucesso de sua conduta. O que desejo salientar é que a lei e a ordem, em si mesmas, são bastante temporárias e insatisfatórias. Quando a alma de um homem abandona a sua breve morada, não a acompanham os pensamentos de lei e ordem. Se forte, é possuída pelo êxtase do verdadeiro ser e da vida real, como sabem todos os que velaram junto ao leito dos moribundos. Se a alma é fraca, ela enfraquece e desfalece superada pela primeira fase da nova vida.

Estou falando de forma excessivamente categórica? Apenas aqueles que vivem, momentaneamente, na vida ativa, aqueles que não assistiram aos mortos e moribundos, que não andaram no campo de batalha e olharam os rostos dos homens em sua última agonia, o dirão.

O indivíduo forte segue adiante do seu exultante corpo. Por quê? Porque a dúvida já não o detém ou o faz tremer. No estranho momento da morte, lhe é concedida a libertação; e com uma súbita paixão de deleite, ele a reconhece. Se ele tivesse tido a certeza disso, teria sido um grande sábio, um ser humano capaz de governar o mundo, pois teria o poder de governar a si mesmo e a seu próprio corpo. Tanto na vida quanto na morte, pode-se facilmente obter essa libertação das cadeias da vida.

É necessária apenas uma convicção suficientemente profunda para permitir a um indivíduo olhar para seu próprio corpo, com a mesma emoção que olharia para o corpo de um ou de mil. Contemplando um campo de batalha é impossível perceber a agonia daquele que sofre; por que, então, sentir nossa própria dor mais intensamente que a de outro? Agregue o todo e olhe tudo de um ponto de vista mais amplo do que o da vida individual.

Que você realmente sinta que sua ferida física é uma fraqueza da sua própria limitação. O indivíduo psiquicamente desenvolvido sente a dor do outro tão intensamente quanto a sua própria; se é suficientemente forte para assim o desejar, nem sequer sente a sua. Todo aquele que examinou seriamente as condições psíquicas sabe que isso é um fato, mais ou menos marcado, de acordo com o desenvolvimento psíquico. Em muitos casos, o psíquico é mais perspicaz e egoisticamente consciente de sua própria dor do que a de qualquer outra pessoa; mas é aí que o desenvolvimento, talvez assinalado até o momento, atinge um certo ponto. É o poder que leva o homem à margem dessa consciência, que é profunda paz e atividade vital. Não pode levá-lo mais além. Mas se ele alcançou sua margem, livra-se do domínio insignificante do seu próprio eu. Essa é a primeira grande libertação.

Contemple os sofrimentos que nossas estreitas experiências e simpatias limitadas nos causam. Cada um de nós está completamente sozinho, uma unidade solitária, um pigmeu no mundo. Qual é a boa fortuna que podemos esperar? A grande vida do mundo precipita-se, e estamos em perigo a cada instante de sermos subjugados ou totalmente destruídos. Não há salvaguarda a ser oferecida; nenhum exército de oposição pode ser instalado, porque nesta vida todo indivíduo luta sua própria batalha contra todos os outros, e nem sequer dois indivíduos podem se unir sob uma mesma bandeira. Há apenas uma maneira de escapar desse terrível perigo contra o qual lutamos a cada hora. Vire-se e, em vez de ficar de pé contra as forças, junte-se a elas; torne-se um com a Natureza e siga facilmente seu caminho. Não resista ou se ressinta das circunstâncias da vida mais do que as plantas se ressentem da chuva e do vento. Então, de repente, para sua própria surpresa, você descobre que tem tempo e forças para poupar, para usar na grande batalha em que todo o homem, inevitavelmente, tem que lutar – aquela batalha em si mesmo, que o conduz à sua própria conquista.

De certo modo alguns diriam à sua própria destruição. E por quê? Porque a partir do momento em que ele experimenta a esplêndida realidade da vida, esquece cada vez mais seu eu individual. Não luta mais por ele, nem põe sua força contra a força dos demais. Não se importa mais em defendê-lo ou alimentá-lo. No entanto, quando permanece tão indiferente ao seu bem-estar, o eu individual torna-se mais forte e robusto, como as pradarias e as árvores das inexploradas florestas. É indiferente para ele saber se é assim ou não. Sendo assim, ele tem em sua mão um refinado instrumento; e na devida proporção, na completude de sua indiferença está a força e a beleza de seu eu pessoal. Isso é facilmente visto; uma flor de um jardim torna-se uma mera cópia degenerada de si mesma, se for simplesmente negligenciada; uma planta deve ser cultivada ao mais alto grau e beneficiar-se de toda a habilidade do jardineiro, ou de outro modo ser puramente selvagem, silvestre e alimentada apenas pela terra e o céu.

Quem se importa com algum estado intermediário? Que valor ou força há na descuidada rosa do jardim, com um cancro em cada botão? Pois as flores doentes ou anãs certamente resultarão de uma mudança arbitrária de condição, resultante da negligência do ser humano, que até então tem sido a providência da planta em sua vida antinatural. Mas há planícies levadas pelo vento, onde crescem altas margaridas que nenhum cultivo poderia produzir. Cultive, então, ao máximo; não esqueça nenhum centímetro do solo do seu jardim, nem a menor planta que nele cresce; não tenha pretensões tolas, nem sequer cometa o erro ao fantasiar que irá esquecê-lo e, portanto, sujeitá-lo às terríveis consequências das meias-medidas. A planta que é regada num dia e esquecida no outro deve diminuir ou decair. A planta que não espera outro auxílio que não o da Natureza mede antes de tudo a sua força; não morre e volta a ser criada, ou cresce em uma grande árvore cujos galhos enchem o espaço.

Mas não se engane como os religiosos e alguns filósofos; não deixe nenhuma parte de si mesmo negligenciada, sabendo que é você mesmo. Enquanto o solo pertence ao jardineiro sua obrigação é cuidá-lo; pois algum dia poderá ser chamado por um país ou pela própria morte, e em um instante ele pode deixar de ser jardineiro, seu negócio terminar, seus deveres como jardineiro não mais existirem. Então suas plantas favoritas sofrem e morrem, e as delicadas se tornam unas com a terra. Mas logo a Natureza impetuosa reivindica o lugar para si, e cobre-o com espessa relva ou gigantescas ervas daninhas, ou nutre as pequenas mudas até que seus galhos sombreiem o solo.

Vigie e cuide do seu jardim ao máximo, até que você possa deixá-lo morrer por completo, e deixe-o retornar à Natureza e tornar-se a planície soprada pelo vento, onde crescem as flores silvestres. Então, se você atravessar por essa senda e contemplá-la, o que quer que tenha acontecido não irá te fazer chorar ou enlouquecê-lo. Você será capaz de dizer: "Eu sou o terreno rochoso, eu sou a árvore corpulenta, eu sou as margaridas silvestres", indiferente ao que floresce no lugar onde as roseiras cresceram. Porém, por algum propósito, você deve ter aprendido a estudar as estrelas antes de ousar negligenciar suas rosas e omitir de encher o ar com sua cultivada fragrância. Você deve reconhecer o seu caminho, sem trilhas, através do ar, e desse para o puro éter. Deve estar pronto para abrir o trinco do Portal de Ouro.

Cultive, e não negligencie nada. Lembre-se apenas de que, enquanto você cuida e rega, está usurpando imprudentemente as atribuições da mesma Natureza. Tendo usurpado sua obra, deve realizá-la até atingir um ponto em que ela não mais possa puni-lo, quando não mais o assuste, e do qual você possa, com um comando arrojado, devolvê-la para ela própria. A poderosa mãe sorri consigo mesma, observando você com olhos disfarçados e risonhos, incansavelmente pronta para reduzir a pó toda a sua obra se você lhe der motivo, se você se tornar ocioso e descuidado. O ocioso é o pai do louco, no mesmo sentido de que a criança é o pai do adulto. A Natureza colocou sua vasta mão sobre ele e esmagou todo o edifício. O jardineiro e suas roseiras são igualmente destroçados e desfeitos pela grande tempestade criada pelo seu movimento; indefesos permanecem até que a areia é varrida sobre eles e, então, são enterrados em um deserto enfadonho. Deste local deserto, a própria Natureza irá recriar e usará as cinzas daquele que ousou encará-la com indiferença, como as folhas ressequidas de suas plantas. Seu corpo, alma e espírito são igualmente reivindicados por ela.

3

Aquele que é forte, que resolveu encontrar a desconhecida senda, dá cada passo com o maior cuidado. Não pronuncia palavra alguma que seja inútil, não age imprudentemente, não negligencia dever ou ofício algum, por mais simples ou difícil que seja. Mas enquanto seus olhos, mãos e pés estão cumprindo suas tarefas, novos olhos, mãos e pés estão nascendo em seu interior. Pois seu desejo ardente e incessante é seguir esse caminho no qual os órgãos sutis são os únicos que podem guiá-lo. Gradualmente o poder do mundo físico, que ele aprendeu e sabe usar, passa por ele e, então, ele reconhece o mundo psíquico. Mas deve aprender sobre esse mundo e saber como usá-lo, e não ousa deixar a vida com a qual está familiarizado, até que tenha tomado posse daquilo com o qual não está familiarizado. Quando adquiriu com seus órgãos psíquicos um poder tal, do mesmo modo como a criança com seus órgãos físicos ao abrir seus pulmões pela primeira vez, então soou a hora para a grande aventura!

Quão pouco é necessário – porém, quanto não é preciso! O indivíduo faz, mas precisa que o corpo psíquico seja formado em todas as suas partes, como é o de uma criança; precisa da convicção profunda e inabalável, a mesma que impele a criança a desejar a nova vida. Uma vez adquirida essas condições, pode viver na nova atmosfera e dirigir seu olhar para o novo Sol. Mas então ele deve se lembrar de checar essa nova experiência com a antiga. Está ainda respirando, porém de forma diferente; introduz o ar em seus pulmões e retira a vida do Sol. Ele nasceu no mundo psíquico e depende agora do ar e luz psíquica. Sua meta não está aqui: isso é apenas uma repetição sutil da vida física; ele deve passar por isso de acordo com leis semelhantes. Deve estudar, aprender, crescer e conquistar: nunca esquecendo jamais que sua meta está naquele lugar onde não há ar, nem Sol e nem Lua.

Não imagine que na série do progresso humano o indivíduo muda ou é movido de lugar. Nada disso acontece. A ilustração mais verdadeira do processo é a de cortar camadas de crosta ou pele. O indivíduo, tendo aprendido completamente sua lição, rejeita a vida física; tendo totalmente aprendido sua lição, elimina a vida psíquica; tendo aprendido sua lição completamente, rejeita a vida contemplativa ou a vida de adoração.

Finalmente, tudo isso é deixado de lado e, então, o indivíduo entra no grandioso Templo, onde qualquer memória ou sensação de si mesmo é deixada no exterior, com os sapatos dos pés do adorador. Esse Templo é o lugar de sua própria e pura divindade, a chama central que, embora obscurecida, o tem animado no meio de todas as suas lutas. E tendo encontrado o sublime lar, está tão seguro como nos próprios céus. Ele permanece imóvel, cheio de todo conhecimento e poder. O indivíduo exterior, o adorador, o ator, a personificação viva segue o seu próprio caminho de mãos dadas com a Natureza, e dá amostra de toda aquela força soberba do crescimento selvagem da terra, iluminado por aquele instinto que contém o conhecimento. Porque na parte mais interna do santuário, no templo real, o indivíduo encontrou a essência sutil da própria Natureza. Já não pode haver qualquer diferença entre eles ou quaisquer meias-medidas. Agora chega a hora de ação e poder. Tudo é encontrado naquele santuário interno: Deus e suas criaturas, os demônios que os atacam, aqueles que foram amados, e aqueles que foram odiados. Já não há mais diferença entre eles. Então a alma se compraz com a sua força e destemor, e se lança ao mundo onde suas ações são necessárias, fazendo com que essas aconteçam sem apreensão, alarme, medo, arrependimento ou alegria.

Este estado é possível ao ser humano enquanto ainda vive fisicamente, pois o alcançaram durante a sua vida. Sozinho pode realizar ações no divino e verdadeiro físico.

A vida entre os objetos do sentido deve ser sempre para a sublime alma como uma forma exterior – pode somente tornar-se uma poderosa vida, a vida de realização, quando é animada pelo deus coroado e indiferente que no santuário reside.

A obtenção desse estado é extremamente desejável, porque a partir do momento em que é alcançado, não há mais problemas, não há mais ansiedade, não há mais dúvida ou hesitação. Assim como um grande artista pinta seu quadro, sem destemor, sem nunca cometer nenhum erro que o leve a se arrepender, do mesmo modo, o indivíduo, que formou seu eu interno, conduz a sua vida.

Porém, isso acontece quando o indivíduo já atingiu esse estado. Olhar as montanhas, tendo fome do saber, é a maneira de entrar na senda que conduz ao Portal. Esse é aquele Portal de Ouro, obstruído por uma pesada barra de ferro. O caminho para o seu limiar torna um indivíduo inebriado e doente. Parece não haver caminho, parece interminável, se encontra ao longo de hediondos precipícios, perde-se em águas profundas.

Uma vez atravessado e encontrado o caminho, parece maravilhoso que a dificuldade tenha sido considerada tão grande. Pois o caminho quando desaparece, gira bruscamente sobre a borda do precipício e conserva a largura suficiente para o pé; e através das águas profundas, que parecem tão traiçoeiras, há sempre um remo e uma barca.

Assim acontece em todas as experiências profundas da natureza humana. Quando a primeira tristeza rasga o coração em pedaços, parece que o caminho acabou e um vazio na escuridão ocupou o lugar do céu. E, apesar de tudo, tateando, a alma prossegue, e aquela curva difícil e aparentemente sem esperança na estrada é ultrapassada.

O mesmo acontece com muitas outras formas de tortura humana. Às vezes, durante um longo período ou uma vida inteira, o caminho da existência é perpetuamente controlado pelo que parecem obstáculos intransponíveis. A tristeza, a dor, o sofrimento, a perda de tudo o que é amado ou valorizado levantam-se diante da alma aterrorizada, testando-a a cada passo. Quem coloca esses obstáculos lá? A razão encolhe-se na imagem dramática e infantil que os religiosos colocam diante de si – Deus permitindo que o diabo atormentasse suas criaturas para o seu bem supremo! Quando esse supremo bem será alcançado? A ideia envolvida nessa imagem pressupõe um fim, um objetivo. Não há objetivo algum. Qualquer um de nós pode, com toda a segurança, concordar com isso; pois, na medida em que a observação humana, a razão, o pensamento, o intelecto ou o instinto alcancem o mistério da vida, todos os dados obtidos mostram que o caminho é infinito e que a eternidade não pode ser ignorada e transmutada pela alma em um milhão de anos.

No ser humano, considerado individualmente ou como um todo, existe claramente uma dupla constituição. Em sentido geral, estando bem ciente de que as várias escolas de filosofia o dividem e subdividem de acordo com suas várias teorias. O que eu quero dizer é isto: que duas grandes ondas de emoção varrem sua natureza, duas grandes forças guiam sua vida; uma faz dele um animal, e a outra um deus. Nenhum bruto da Terra é tão brutal quanto o ser humano que sujeita seu poder divino ao seu poder animal. Isto é óbvio, porque toda a força da dupla natureza é então empregada em uma única direção.

O animal obedece, pura e simplesmente, aos seus instintos e não deseja mais do que satisfazer seu amor pelo prazer; muito pouca atenção concede à existência de outros seres, exceto na medida em que lhe oferecem prazer ou dor; nada sabe a respeito do amor abstrato da crueldade ou de qualquer uma dessas tendências viciosas do ser humano que têm em si mesmas sua própria gratificação. Assim, aquele que se torna uma besta, tem o poder sobre a vida um milhão de vezes maior do que a besta natural, e aquilo que no animal é prazer suficientemente inocente, ininterrupto por um padrão moral arbitrário, torna-se nele vício, porque, em princípio, é gratificado. Além disso, ele transforma todos os poderes divinos de seu ser nesta direção e degrada sua alma, tornando-a escrava de seus sentidos. O deus, deformado e disfarçado, cuida do animal e o alimenta.

Considere-se, então, se é possível mudar a situação. O próprio indivíduo é o rei do país em que se observa esse estranho espetáculo. Ele permite que a natureza animal usurpe o lugar do deus porque, no momento, essa natureza agrada mais aos caprichos de sua realeza. Isso não dura para sempre; por que permitir que dure por mais tempo? Enquanto a natureza animal governar, haverá os mais intensos sofrimentos em consequência da mudança de vibração entre o prazer e a dor, do desejo de uma vida física que seja prolongada e prazerosa. E o deus, em sua capacidade de servo, acrescenta mil vezes mais a tudo isso, tornando a vida física muito mais ávida de prazer – prazer raro, voluptuoso, estético – e com uma intensidade de dor tão apaixonada, que se conhece onde o prazer termina e a dor começa. Enquanto o deus servir, a vida do animal será cada vez mais enriquecida e valiosa.

Mas deixe que o rei resolva mudar a face de sua corte e forçar a expulsão do animal do trono de Estado, restabelecendo o deus no lugar da divindade. Ah! Que paz profunda que recai sobre o palácio! Tudo, na realidade, mudou. Não há mais febre de anseios ou desejos pessoais, não há mais rebelião ou aflição, não há mais fome de prazer ou pavor da dor. É como uma grande calma que desce em um tempestuoso oceano; é como a chuva suave do verão caindo no seco chão; é como uma piscina profunda encontrada em meio aos fatigantes e áridos labirintos da hostil floresta.

Mas há muito mais que isso. Não só o homem é mais do que um animal, porque há o deus nele, mas ele é mais que um deus, porque há o animal nele.

Uma vez que o animal esteja seguro em seu devido lugar, o inferior, você se encontrará na posse de uma imensa força até então insuspeita e desconhecida. O deus, como servo, aumenta os prazeres do animal em um grau mil vezes maior; o animal, como servo, acrescenta uma força mil vezes maior aos poderes do deus. A partir da união, da relação devida dessas forças em si mesmo, é que o ser humano permanece como um forte rei, sendo capaz de levantar com a mão erguida o trinco do Portal de Ouro. Quando essas forças não estão relacionadas, o rei é apenas um voluptuoso, sem poder, e cuja dignidade apenas zomba dele; os animais, não divinos, pelo menos, conhecem a paz e não se dilaceram pelo vício e o desespero.

Eis aqui todo o segredo. É essa união que faz o ser humano forte, poderoso, capaz de agarrar em suas mãos tanto o céu quanto a terra. Não imagine que se possa realizá-la com facilidade. Não se iluda com a ideia de que seja feita pelo indivíduo religioso ou virtuoso! Nada disso. Eles não fazem mais do que fixar um padrão, uma rotina, uma lei, pela qual eles mantêm o animal sob o seu controle. Até certo ponto, o deus é compelido a servi-lo, e assim o agrada com as queridas crenças e fantasias dos religiosos, com o elevado senso de orgulho pessoal que faz a alegria dos virtuosos. Esses vícios especiais e canonizados são coisas demasiadas básicas e miseráveis para serem possíveis ao animal puro, cuja única inspiração é a própria Natureza, sempre fresca como a aurora. O deus no ser humano, degradado, é algo indescritível em seu infame poder de produção.

O animal no indivíduo que se elevou é algo inimaginável quanto aos seus grandes poderes de serviço e força.

Esqueça os que permitem que sua natureza animal viva meramente controlada e mantida dentro de certos limites, que é uma grande força, uma porção integral da vida animal do mundo em que você vive. Com ela, você pode influenciar tanto as outras pessoas quanto ao próprio mundo, mais ou menos perceptível, de acordo com a sua força. O deus, colocado em seu devido lugar, inspirará e guiará tão extraordinariamente esta criatura, educando-a e desenvolvendo-a, forçando-a a reconhecer sua espécie, de forma a fazê-la estremecer no momento em que reconhecer o poder despertado em si mesma.

Este é o segredo dos mágicos do mundo antigo, que obrigaram a Natureza, para a sua própria conveniência, servi-los e realizar milagres todos os dias. Este é o segredo da raça futura que Lorde Lytton anteviu.

Mas esse poder só pode ser alcançado concedendo ao deus a soberania. Não consinta que o seu animal o governe e desse modo jamais governará outros.

Conclusão

Oculta e escondida no coração do mundo e no do ser humano está a luz que pode iluminar toda a vida, o futuro e o passado. Não devemos buscá-la? Certamente alguns o farão. E então, provavelmente, irão adicionar o que é necessário a este humilde fragmento de pensamento.

gráfika®
papel&cores

(61) 3344-3101
papelecores@gmail.com